I0176475

LITUANO
VOCABULÁRIO

PORTUGUÊS LITUANO

Para alargar o seu léxico e apurar
as suas competências linguísticas

3000 palavras

Vocabulário Português Brasileiro-Lituano - 3000 palavras

Por Andrey Taranov

Os vocabulários da T&P Books destinam-se a ajudar a aprender, a memorizar, e a rever palavras estrangeiras. O dicionário é dividido em temas, cobrindo todas as principais esferas de atividades quotidianas, negócios, ciência, cultura, etc.

O processo de aprendizagem, utilizando os dicionários baseados em temáticas da T&P Books dá-lhe as seguintes vantagens:

- Informação de origem corretamente agrupada predetermina o sucesso em fases subsequentes da memorização de palavras
- Disponibilização de palavras derivadas da mesma raiz, o que permite a memorização de unidades de texto (em vez de palavras separadas)
- Pequenas unidades de palavras facilitam o processo de estabelecimento de vínculos associativos necessários para a consolidação do vocabulário
- O nível de conhecimento da língua pode ser estimado pelo número de palavras aprendidas

T&P Books Publishing
www.tpbooks.com

ISBN: 978-1-78767-426-4

Este livro também está disponível em formato E-book.
Por favor visite www.tpbooks.com ou as principais livrarias on-line.

VOCABULÁRIO LITUANO
palavras mais úteis

Os vocabulários da T&P Books destinam-se a ajudar a aprender, a memorizar, e a rever palavras estrangeiras. O vocabulário contém mais de 3000 palavras de uso comum organizadas tematicamente.

O vocabulário contém as palavras mais comummente usadas
Recomendado como adicional para qualquer curso de línguas
Satisfaz as necessidades dos iniciados e dos alunos avançados de línguas estrangeiras
Conveniente para o uso diário, sessões de revisão e atividades de auto-teste
Permite avaliar o seu vocabulário

Características especias do vocabulário

· As palavras estão organizadas de acordo com o seu significado, e não por ordem alfabética
· As palavras são apresentadas em três colunas para facilitar os processos de revisão e auto-teste
· As palavras compostas são divididas em pequenos blocos para facilitar o processo de aprendizagem
· O vocabulário oferece uma transcrição simples e adequada de cada palavra estrangeira

O vocabulário contém 101 tópicos incluindo:

Conceitos básicos, Números, Cores, Meses, Estações do ano, Unidades de medida, Roupas & Acessórios, Alimentos & Nutrição, Restaurante, Membros da Família, Parentes, Caráter, Sentimentos, Emoções, Doenças, Cidade, Passeios, Compras, Dinheiro, Casa, Lar, Escritório, Trabalho no Escritório, Importação & Exportação, Marketing, Pesquisa de Emprego, Esportes, Educação, Computador, Internet, Ferramentas, Natureza, Países, Nacionalidades e muito mais ...

TABELA DE CONTEÚDOS

GUIA DE PRONUNCIAÇÃO

Letra	Exemplo Lituano	Alfabeto fonético T&P	Exemplo Português
Aa	adata	[a]	chamar
Ąą	ąžuolas	[aː]	rapaz
Bb	badas	[b]	barril
Cc	cukrus	[ʦ]	tsé-tsé
Čč	česnakas	[ʧ]	Tchau!
Dd	dumblas	[d]	dentista
Ee	eglé	[æ]	semana
Ęę	vedęs	[æː]	primavera
Ėė	édalas	[eː]	plateia
Ff	fleita	[f]	safári
Gg	gandras	[g]	gosto
Hh	husaras	[ɣ]	agora
I i	ižas	[i]	sinônimo
Į į	mįslé	[iː]	cair
Yy	vynas	[iː]	cair
J j	juokas	[j]	Vietnã
Kk	kilpa	[k]	aquilo
L l	laisvé	[l]	libra
Mm	mama	[m]	magnólia
Nn	nauda	[n]	natureza
Oo	ola	[o], [oː]	noite
Pp	pirtis	[p]	presente
Rr	ragana	[r]	riscar
Ss	sostiné	[s]	sanita
Šš	šūvis	[ʃ]	mês
Tt	tévyné	[t]	tulipa
Uu	upé	[u]	bonita
Ųų	siųsti	[uː]	blusa
Ūū	ūmédé	[uː]	blusa
Vv	vabalas	[ʋ]	fava
Zz	zuikis	[z]	sésamo
Žž	žiurké	[ʒ]	talvez

Comentários

Um macron como em (ū), ou um ogonek como em (ą, ę, į, ų) podem ser usados para marcar a extensão de uma vogal em Letão oficial moderno. Os acentos Agudos como em (Áá Ą́ą́), graves como em (Àà), e til como em (Ãã Ą̃ą̃) são usados para indicar acentuações tonais. No entanto, essas acentuações tonais geralmente não se escrevem, exceto em dicionários, gramáticas e quando necessário, para maior clareza na diferenciação de palavras homônimas e no uso em dialetos.

ABREVIATURAS
usadas no vocabulário

Abreviaturas do Português

adj	-	adjetivo
adv	-	advérbio
anim.	-	animado
conj.	-	conjunção
desp.	-	esporte
etc.	-	Etcetera
ex.	-	por exemplo
f	-	nome feminino
f pl	-	feminino plural
fem.	-	feminino
inanim.	-	inanimado
m	-	nome masculino
m pl	-	masculino plural
m, f	-	masculino, feminino
masc.	-	masculino
mat.	-	matemática
mil.	-	militar
pl	-	plural
prep.	-	preposição
pron.	-	pronome
sb.	-	sobre
sing.	-	singular
v aux	-	verbo auxiliar
vi	-	verbo intransitivo
vi, vt	-	verbo intransitivo, transitivo
vr	-	verbo reflexivo
vt	-	verbo transitivo

Abreviaturas do Lituano

dgs	-	plural
m	-	nome feminino
m dgs	-	feminino plural
v	-	nome masculino
v dgs	-	masculino plural

CONCEITOS BÁSICOS

1. Pronomes

eu	aš	['aʃ]
você	tù	['tu]
ele	jìs	[jɪs]
ela	jì	[jɪ]
nós	mẽs	['mʲæs]
vocês	jũs	['ju:s]
eles, elas	jiẽ	['jiɛ]

2. Cumprimentos. Saudações

Oi!	Sveĩkas!	['svʲɛɪkas!]
Olá!	Sveikì!	[svʲɛɪ'kʲɪ!]
Bom dia!	Lãbas rýtas!	['lʲa:bas 'rʲi:tas!]
Boa tarde!	Labà dienà!	[lʲa'ba dʲiɛ'na!]
Boa noite!	Lãbas vãkaras!	['lʲa:bas 'va:karas!]
cumprimentar (vt)	sveĩkintis	['svʲɛɪkʲɪntʲɪs]
Oi!	Lãbas!	['lʲa:bas!]
saudação (f)	linkéjimas (v)	[lʲɪŋ'kʲɛjɪmas]
saudar (vt)	sveĩkinti	['svʲɛɪkʲɪntʲɪ]
Tudo bem?	Kaĩp sẽkasi?	['kʌɪp 'sʲækasʲɪ?]
E aí, novidades?	Kàs naũjo?	['kas 'nɑujɔ?]
Tchau! Até logo!	Ikì pasimãtymo!	[ɪkʲɪ pasʲɪmatʲi:mo!]
Até breve!	Ikì greĩto susìtikimo!	[ɪ'kʲɪ 'grʲɛɪtɔ susʲɪtʲɪ'kʲɪmɔ!]
Adeus!	Lìkite sveikì!	['lʲɪkʲɪtʲɛ svʲɛɪ'kʲɪ!]
despedir-se (dizer adeus)	atsisveĩkinti	[atsʲɪ'svʲɛɪkʲɪntʲɪ]
Até mais!	Ikì!	[ɪ'kʲɪ!]
Obrigado! -a!	Áčiū!	['a:tʂʲu:!]
Muito obrigado! -a!	Labaĩ ãčiū!	[lʲa'bʌɪ 'a:tʂʲu:!]
De nada	Prãšom.	['pra:ʃom]
Não tem de quê	Nevertà padėkõs.	[nʲɛver'ta padʲe:'ko:s]
Não foi nada!	Nėrà ùž kã̃.	[nʲe:'ra 'ʊʒ ka:]
Desculpa!	Atléisk!	[at'lʲɛɪsk!]
Desculpe!	Atléiskite!	[at'lʲɛɪskʲɪtʲɛ!]
desculpar (vt)	atléisti	[at'lʲɛɪstʲɪ]
desculpar-se (vr)	atsiprašýti	[atsʲɪpra'ʃʲɪ:tʲɪ]
Me desculpe	Mãno atsiprãšymas.	['ma:nɔ atsʲɪ'pra:ʃʲɪ:mas]
Desculpe!	Atléiskite!	[at'lʲɛɪskʲɪtʲɛ!]

perdoar (vt)	atléisti	[at'lʲɛɪstʲɪ]
Não faz mal	Niẽko baisaũs.	['nʲɛkɔ bʌɪ'sɑʊs]
por favor	prãšom	['pra:ʃom]

Não se esqueça!	Nepamírškite!	[nʲɛpa'mʲɪrʃkʲɪtʲɛ!]
Com certeza!	Žìnoma!	['ʒʲɪnoma!]
Claro que não!	Žìnoma nè!	['ʒʲɪnoma nʲɛ!]
Está bem! De acordo!	Sutinkù!	[sʊtʲɪŋ'kʊ!]
Chega!	Užtèks!	[ʊʒ'tʲɛks!]

3. Questões

Quem?	Kàs?	['kas?]
O que?	Kã̀?	['ka:?]
Onde?	Kur̃?	['kʊr?]
Para onde?	Kur̃?	['kʊr?]
De onde?	Ìš kur̃?	[ɪʃ 'kʊr?]
Quando?	Kadà?	[ka'da?]
Para quê?	Kám?	['kam?]
Por quê?	Kodė̀l?	[kɔ'dʲe:lʲ?]

Para quê?	Kám?	['kam?]
Como?	Kaĩp?	['kʌɪp?]
Qual (~ é o problema?)	Kóks?	['koks?]
Qual (~ deles?)	Kurìs?	[kʊ'rʲɪs?]

A quem?	Kám?	['kam?]
De quem?	Apiẽ kã̀?	[a'pʲɛ 'ka:?]
Do quê?	Apiẽ kã̀?	[a'pʲɛ 'ka:?]
Com quem?	Sù kuõ?	['sʊ 'kʊɑ?]

| Quanto, -os, -as? | Kíek? | ['kʲiɛk?] |
| De quem (~ é isto?) | Kienõ? | [kʲiɛ'no:?] |

4. Preposições

com (prep.)	sù ...	['sʊ ...]
sem (prep.)	bè	['bʲɛ]
a, para (exprime lugar)	ĩ	[i:]
sobre (ex. falar ~)	apiẽ	[a'pʲɛ]
antes de ...	ikì	[ɪ'kʲɪ]
em frente de ...	priẽš	['prʲɛʃ]

debaixo de ...	põ	['po:]
sobre (em cima de)	vìrš	['vʲɪrʃ]
em ..., sobre ...	añt	['ant]

| de, do (sou ~ Rio de Janeiro) | ìš | [ɪʃ] |
| de (feito ~ pedra) | ìš | [ɪʃ] |

| em (~ 3 dias) | põ ..., ùž ... | ['po: ...], ['ʊʒ ...] |
| por cima de ... | per̃ | ['pʲɛr] |

5. Palavras funcionais. Advérbios. Parte 1

Onde?	Kur?	['kʊr?]
aqui	čia	['tʂ⁺æ]
lá, ali	ten	['t⁺ɛn]

em algum lugar	kažkur	[kaʒ'kʊr]
em lugar nenhum	niekur	['n⁺ɛkʊr]

perto de ...	prie ...	['pr⁺ɛ ...]
perto da janela	prie lángo	['pr⁺ɛ 'l⁺aŋɔ]

Para onde?	Kur?	['kʊr?]
aqui	čia	['tʂ⁺æ]
para lá	ten	['t⁺ɛn]
daqui	ìš čia	[ɪʃ tʂ⁺æ]
de lá, dali	ìš ten	[ɪʃ t⁺ɛn]

perto	šalià	[ʃa'l⁺æ]
longe	tolì	[tɔ'l⁺ɪ]

perto de ...	šalià	[ʃa'l⁺æ]
à mão, perto	artì	[ar't⁺ɪ]
não fica longe	netolì	[n⁺ɛ'tɔl⁺ɪ]

esquerdo (adj)	kairỹs	[kʌɪ'r⁺i:s]
à esquerda	ìš kairẽs	[ɪʃ kʌɪ'r⁺e:s]
para a esquerda	į̃ kaĩrę	[i: 'kʌɪr⁺ɛ:]

direito (adj)	dešinỹs	[d⁺ɛʃɪ'n⁺i:s]
à direita	ìš dešinẽs	[ɪʃ deʃɪ'n⁺e:s]
para a direita	į̃ dẽšinę	[i: 'd⁺æʃɪn⁺ɛ:]

em frente	príekyje	['pr⁺iɛk⁺i:jɛ]
da frente	príekinis	['pr⁺iɛk⁺ɪn⁺ɪs]
adiante (para a frente)	pirmyn	[p⁺ɪr'm⁺i:n]

atrás de ...	galè	[ga'l⁺ɛ]
de trás	ìš gãlo	[ɪʃ 'ga:l⁺ɔ]
para trás	atgal	[at'gal⁺]

meio (m), metade (f)	vidurỹs (v)	[v⁺ɪdu'r⁺i:s]
no meio	per vìdurį̇̃	['p⁺ɛr 'v⁺ɪ:dʊr⁺ɪ:]

do lado	šóne	['ʃɔn⁺ɛ]
em todo lugar	visur	[v⁺ɪ'sʊr]
por todos os lados	aplinkui	[ap'l⁺ɪŋkʊi]

de dentro	ìš vidaũs	[ɪʃ v⁺ɪ'daʊs]
para algum lugar	kažkur	[kaʒ'kʊr]
diretamente	tiẽsiai	['t⁺ɛs⁺ɛɪ]
de volta	atgal	[at'gal⁺]

de algum lugar	ìš kur nórs	[ɪʃ 'kʊr 'nors]
de algum lugar	ìš kažkur	[ɪʃ kaʒ'kʊr]

em primeiro lugar	pìrma	['pʲɪrma]
em segundo lugar	àntra	['antra]
em terceiro lugar	trẽčia	['trʲætʂʲæ]

de repente	staigà	[stʌɪ'ga]
no início	pradžiõj	[prad'ʒʲo:j]
pela primeira vez	pìrmą kartą	['pʲɪrma: 'karta:]
muito antes de ...	daũg laĩko priẽš ...	['dɑʊg 'lʲʌɪkɔ 'prʲɛʃ ...]
de novo	ìš naũjo	[ɪʃ 'nɑʊjɔ]
para sempre	visàm laĩkui	[vʲɪ'sam 'lʲʌɪkʊi]

nunca	niekadà	[nʲiɛkad'a]
de novo	vẽl	['vʲe:lʲ]
agora	dabar̃	[da'bar]
frequentemente	dažnaĩ	[daʒ'nʌɪ]
então	tadà	[ta'da]
urgentemente	skubiaĩ	[skʊ'bʲɛɪ]
normalmente	įprastaĩ	[i:pras'tʌɪ]

a propósito, ...	bejè, ...	[bɛ'jæ, ...]
é possível	įmãnoma	[i:'ma:noma]
provavelmente	tikétina	[tʲɪ'kʲe:tʲɪna]
talvez	gãli bũti	['ga:lʲɪ 'bu:tʲɪ]
além disso, ...	bè tõ, ...	['bʲɛ to:, ...]
por isso ...	todẽl ...	[to'dʲe:lʲ ...]
apesar de ...	nepaĩsant ...	[nʲɛ'pʌɪsant ...]
graças a ...	... dẽkà	[... dʲe:'ka]

que (pron.)	kàs	['kas]
que (conj.)	kàs	['kas]
algo	kažkàs	[kaʒ'kas]
alguma coisa	kažkàs	[kaʒ'kas]
nada	niẽko	['nʲɛkɔ]

quem	kàs	['kas]
alguém (~ que ...)	kažkàs	[kaʒ'kas]
alguém (com ~)	kažkàs	[kaʒ'kas]

ninguém	niẽkas	['nʲɛkas]
para lugar nenhum	niẽkur	['nʲɛkʊr]
de ninguém	niẽkieno	['nʲɛ'kʲiɛnɔ]
de alguém	kažkienõ	[kaʒkʲiɛ'no:]

tão	taĩp	['tʌɪp]
também (gostaria ~ de ...)	taĩp pàt	['tʌɪp 'pat]
também (~ eu)	ĩrgi	['ɪrgʲɪ]

6. Palavras funcionais. Advérbios. Parte 2

Por quê?	Kodẽl?	[kɔ'dʲe:lʲ?]
por alguma razão	kažkodẽl	[kaʒko'dʲe:lʲ]
porque ...	... todẽl, kàd	[... to'dʲe:lʲ, 'kad]
por qualquer razão	kažkodẽl	[kaʒko'dʲe:lʲ]
e (tu ~ eu)	ĩr	['ɪr]

| ou (ser ~ não ser) | arbà | [ar'ba] |
| mas (porém) | bèt | ['bʲɛt] |

muito, demais	pernelýg	[pʲɛrnʲɛ'lʲi:g]
só, somente	tiktaì	[tʲɪk'tʌɪ]
exatamente	tiksliaì	[tʲɪks'lʲɛɪ]
cerca de (~ 10 kg)	maždaũg	[maʒ'dɑʊg]

aproximadamente	apýtikriai	[a'pʲi:tʲɪkrʲɛɪ]
aproximado (adj)	apýtikriai	[a'pʲi:tʲɪkrʲɛɪ]
quase	beveìk	[bʲɛ'vʲɛɪk]
resto (m)	vìsa kìta (m)	['vʲɪsa 'kʲɪta]

cada (adj)	kiekvíenas	[kʲiɛk'vʲiɛnas]
qualquer (adj)	bèt kurìs	['bʲɛt ku'rʲɪs]
muito, muitos, muitas	daũg	['dɑʊg]
muitas pessoas	daũgelis	['dɑʊgʲɛlʲɪs]
todos	visì	[vʲɪ'sʲɪ]

em troca de ...	mainaìs ĩ ...	[mʌɪ'nʌɪs i: ..]
em troca	mainaìs	[mʌɪ'nʌɪs]
à mão	rañkiniu būdù	['raŋkʲɪnʲʊ bu:'dʊ]
pouco provável	kažì	[ka'ʒɪ]

provavelmente	tikriáusiai	[tʲɪk'rʲæʊsʲɛɪ]
de propósito	týčia	['tʲi:tʂʲæ]
por acidente	netýčia	[nʲɛ'tʲi:tʂʲæ]

muito	labaì	[lʲa'bʌɪ]
por exemplo	pãvyzdžiui	['pa:vʲi:zdʒʲʊi]
entre	taĩp	['tarp]
entre (no meio de)	taĩp	['tarp]
tanto	tiẽk	['tʲɛk]
especialmente	ýpač	['ɪ:patʂ]

NÚMEROS. DIVERSOS

7. Números cardinais. Parte 1

zero	nùlis	['nʊlʲɪs]
um	víenas	['vʲiɛnas]
dois	dù	['dʊ]
três	trìs	['trʲɪs]
quatro	keturì	[kʲɛtʊ'rʲɪ]
cinco	penkì	[pʲɛŋ'kʲɪ]
seis	šeši	[ʃɛ'ʃʲɪ]
sete	septynì	[sʲɛptʲiː'nʲɪ]
oito	aštuonì	[aʃtʊɑ'nʲɪ]
nove	devynì	[dʲɛvʲiː'nʲɪ]
dez	dẽšimt	['dʲæʃʲɪmt]
onze	vienúolika	[vʲiɛ'nʊɑlʲɪka]
doze	dvýlika	['dvʲiː'lʲɪka]
treze	trýlika	['trʲiː'lʲɪka]
catorze	keturiólika	[kʲɛtʊ'rʲɑlʲɪka]
quinze	penkiólika	[pʲɛŋ'kʲɑlʲɪka]
dezesseis	šešiólika	[ʃɛ'ʃɑlʲɪka]
dezessete	septyniólika	[sʲɛptʲiː'nʲɑlʲɪka]
dezoito	aštuoniólika	[aʃtʊɑ'nʲɑlʲɪka]
dezenove	devyniólika	[dʲɛvʲiː'nʲɑlʲɪka]
vinte	dvìdešimt	['dvʲɪdʲɛʃʲɪmt]
vinte e um	dvìdešimt víenas	['dvʲɪdʲɛʃʲɪmt 'vʲiɛnas]
vinte e dois	dvìdešimt dù	['dvʲɪdʲɛʃʲɪmt 'dʊ]
vinte e três	dvìdešimt trìs	['dvʲɪdʲɛʃʲɪmt 'trʲɪs]
trinta	trìsdešimt	['trʲɪsdʲɛʃʲɪmt]
trinta e um	trìsdešimt víenas	['trʲɪsdʲɛʃʲɪmt 'vʲiɛnas]
trinta e dois	trìsdešimt dù	['trʲɪsdʲɛʃʲɪmt 'dʊ]
trinta e três	trìsdešimt trìs	['trʲɪsdʲɛʃʲɪmt 'trʲɪs]
quarenta	kẽturiasdešimt	['kʲætʊrʲæsdʲɛʃʲɪmt]
quarenta e um	kẽturiasdešimt víenas	['kʲætʊrʲæsdʲɛʃʲɪmt 'vʲiɛnas]
quarenta e dois	kẽturiasdešimt dù	['kʲætʊrʲæsdʲɛʃʲɪmt 'dʊ]
quarenta e três	kẽturiasdešimt trìs	['kʲætʊrʲæsdʲɛʃʲɪmt 'trʲɪs]
cinquenta	peñkiasdešimt	['pʲɛŋkʲæsdʲɛʃʲɪmt]
cinquenta e um	peñkiasdešimt víenas	['pʲɛŋkʲæsdʲɛʃʲɪmt 'vʲiɛnas]
cinquenta e dois	peñkiasdešimt dù	['pʲɛŋkʲæsdʲɛʃʲɪmt 'dʊ]
cinquenta e três	peñkiasdešimt trìs	['pʲɛŋkʲæsdʲɛʃʲɪmt 'trʲɪs]
sessenta	šẽšiasdešimt	['ʃæʃæsdʲɛʃʲɪmt]
sessenta e um	šẽšiasdešimt víenas	['ʃæʃæsdʲɛʃʲɪmt 'vʲiɛnas]

| sessenta e dois | šėšiasdešimt dù | ['ʃæʃæsdɪɛʃɪmt 'dʊ] |
| sessenta e três | šėšiasdešimt trìs | ['ʃæʃæsdɪɛʃɪmt 'trɪs] |

setenta	septýniasdešimt	[sɪɛp'tɪi:nɪæsdɪɛʃɪmt]
setenta e um	septýniasdešimt víenas	[sɪɛp'tɪi:nɪæsdɪɛʃɪmt 'vɪiɛnas]
setenta e dois	septýniasdešimt dù	[sɪɛp'tɪi:nɪæsdɪɛʃɪmt 'dʊ]
setenta e três	septýniasdešimt trìs	[sɪɛptɪi:nɪæsdɪɛʃɪmt 'trɪs]

oitenta	aštúoniasdešimt	[aʃtʊɑnɪæsdɪɛʃɪmt]
oitenta e um	aštúoniasdešimt víenas	[aʃtʊɑnɪæsdɪɛʃɪmt 'vɪiɛnas]
oitenta e dois	aštúoniasdešimt dù	[aʃtʊɑnɪæsdɪɛʃɪmt 'dʊ]
oitenta e três	aštúoniasdešimt trìs	[aʃtʊɑnɪæsdɪɛʃɪmt 'trɪs]

noventa	devýniasdešimt	[dɪɛ'vɪi:nɪæsdɪɛʃɪmt]
noventa e um	devýniasdešimt víenas	[dɪɛ'vɪi:nɪæsdɪɛʃɪmt 'vɪiɛnas]
noventa e dois	devýniasdešimt dù	[dɪɛ'vɪi:nɪæsdɪɛʃɪmt 'dʊ]
noventa e três	devýniasdešimt trìs	[dɪɛ'vɪi:nɪæsdɪɛʃɪmt 'trɪs]

8. Números cardinais. Parte 2

cem	šimtas	['ʃɪmtas]
duzentos	dù šimtaì	['dʊ ʃɪm'tʌɪ]
trezentos	trìs šimtaì	['trɪs ʃɪm'tʌɪ]
quatrocentos	keturì šimtaì	[kɪɛtʊ'rɪ ʃɪm'tʌɪ]
quinhentos	penkì šimtaì	[pɪɛŋ'kɪ ʃɪm'tʌɪ]

seiscentos	šešì šimtaì	[ʃɛ'ʃɪ ʃɪm'tʌɪ]
setecentos	septynì šimtaì	[sɪɛptɪi:nɪ 'ʃɪmtʌɪ]
oitocentos	aštuonì šimtaì	[aʃtʊɑ'nɪ ʃɪm'tʌɪ]
novecentos	devynì šimtaì	[dɪɛvɪi:'nɪ ʃɪm'tʌɪ]

mil	tŭkstantis	['tu:kstantɪs]
dois mil	dù tŭkstančiai	['dʊ 'tu:kstantʃɪɛɪ]
três mil	trỹs tŭkstančiai	['trɪi:s 'tu:kstantʃɪɛɪ]
dez mil	dẽšimt tŭkstančių	['dɪæʃɪmt 'tu:kstantʃɪu:]
cem mil	šimtas tŭkstančių	['ʃɪmtas 'tu:kstantʃɪu:]
um milhão	milijõnas (v)	[mɪɪlɪɪ'jɔ:nas]
um bilhão	milijárdas (v)	[mɪɪlɪɪ'jardas]

9. Números ordinais

primeiro (adj)	pìrmas	['pɪrmas]
segundo (adj)	añtras	['antras]
terceiro (adj)	trẽčias	['trætʃɪæs]
quarto (adj)	ketvìrtas	[kɪɛt'vɪrtas]
quinto (adj)	peñktas	['pɪɛŋktas]

sexto (adj)	šẽštas	['ʃæʃtas]
sétimo (adj)	septiñtas	[sɪɛp'tɪɪntas]
oitavo (adj)	aštuñtas	[aʃ'tʊntas]
nono (adj)	deviñtas	[dɪɛ'vɪɪntas]
décimo (adj)	dešimtas	[dɪɛ'ʃɪmtas]

CORES. UNIDADES DE MEDIDA

10. Cores

cor (f)	spalvà (m)	[spalⁱ'va]
tom (m)	ãtspalvis (v)	['a:tspalⁱvⁱɪs]
tonalidade (m)	tònas (v)	['tonas]
arco-íris (m)	vaivórykštė (m)	[vʌɪ'vorⁱi:kʃtⁱe:]
branco (adj)	baltà	[balⁱ'ta]
preto (adj)	juodà	[juɑ'da]
cinza (adj)	pilkà	[pⁱɪlⁱ'ka]
verde (adj)	žalià	[ʒa'lⁱæ]
amarelo (adj)	geltóna	[gⁱɛlⁱ'tona]
vermelho (adj)	raudóna	[rɑu'dona]
azul (adj)	mélyna	['mⁱe:lⁱi:na]
azul claro (adj)	žydrà	[ʒⁱi:d'ra]
rosa (adj)	rõžinė	['ro:ʒⁱɪnⁱe:]
laranja (adj)	orànžinė	[o'ranʒⁱɪnⁱe:]
violeta (adj)	violètinė	[vⁱɪjo'lⁱɛtⁱɪnⁱe:]
marrom (adj)	rudà	[ru'da]
dourado (adj)	auksìnis	[ɑuk'sⁱɪnⁱɪs]
prateado (adj)	sidabrìnis	[sⁱɪda'brⁱɪnⁱɪs]
bege (adj)	smėlio spalvõs	['smⁱe:lⁱɔ spalⁱ'vo:s]
creme (adj)	krèminės spalvõs	['krⁱɛmⁱɪnⁱe:s spalⁱ'vo:s]
turquesa (adj)	tùrkio spalvõs	['turkⁱɔ spalⁱ'vo:s]
vermelho cereja (adj)	vỹšnių spalvõs	[vⁱi:ʃnⁱu: spalⁱ'vo:s]
lilás (adj)	alỹvų spalvõs	[a'lⁱi:vu: spalⁱ'vo:s]
carmim (adj)	aviètinės spalvõs	[a'vⁱɛtⁱɪnⁱe:s spalⁱ'vo:s]
claro (adj)	šviesì	[ʃvⁱiɛ'sⁱɪ]
escuro (adj)	tamsì	[tam'sⁱɪ]
vivo (adj)	ryškì	[rⁱi:ʃ'kⁱɪ]
de cor	spalvótas	[spalⁱ'votas]
a cores	spalvótas	[spalⁱ'votas]
preto e branco (adj)	juodaĩ báltas	[juɑ'dʌɪ 'balⁱtas]
unicolor (de uma só cor)	vienspàlvis	[vⁱiɛns'palⁱvⁱɪs]
multicolor (adj)	įvairiaspàlvis	[i:vʌɪrⁱæs'palⁱvⁱɪs]

11. Unidades de medida

peso (m)	svóris (v)	['svo:rⁱɪs]
comprimento (m)	ìlgis (v)	[ilⁱgⁱɪs]

largura (f)	plõtis (v)	['plʲo:tʲɪs]
altura (f)	aũkštis (v)	['ɑʊkʃtʲɪs]
profundidade (f)	gȳlis (v)	['gʲi:lʲɪs]
volume (m)	tũris (v)	['tu:rʲɪs]
área (f)	plótas (v)	['plʲotas]

grama (m)	grãmas (v)	['gra:mas]
miligrama (m)	miligrãmas (v)	[mʲɪlʲɪ'gra:mas]
quilograma (m)	kilogrãmas (v)	[kʲɪlʲo'gra:mas]
tonelada (f)	tonà (m)	[to'na]
libra (453,6 gramas)	svãras (v)	['sva:ras]
onça (f)	ùncija (m)	['ʊntsʲɪjɛ]

metro (m)	mètras (v)	['mʲɛtras]
milímetro (m)	milimètras (v)	[mʲɪlʲɪ'mʲɛtras]
centímetro (m)	centimètras (v)	[tsʲɛntʲɪ'mʲɛtras]
quilômetro (m)	kilomètras (v)	[kʲɪlʲo'mʲɛtras]
milha (f)	mylià (m)	[mʲi:lʲæ]

polegada (f)	cólis (v)	['tsolʲɪs]
pé (304,74 mm)	pédà (m)	[pʲe:'da]
jarda (914,383 mm)	járdas (v)	[jardas]

metro (m) quadrado	kvadrãtinis mètras (v)	[kvad'ra:tʲɪnʲɪs 'mʲɛtras]
hectare (m)	hektãras (v)	[ɣʲɛk'ta:ras]

litro (m)	lìtras (v)	['lʲɪtras]
grau (m)	láipsnis (v)	['lʲʌɪpsnʲɪs]
volt (m)	vòltas (v)	['volʲtas]
ampère (m)	ampèras (v)	[am'pʲɛras]
cavalo (m) de potência	árklio galià (m)	['arklʲo ga'lʲæ]

quantidade (f)	kiẽkis (v)	['kʲɛkʲɪs]
um pouco de ...	nedaũg ...	[nʲɛ'dɑʊg ...]
metade (f)	pùsė (m)	['pʊsʲe:]
dúzia (f)	tùzinas (v)	['tʊzʲɪnas]
peça (f)	víenetas (v)	['vʲɪɛnʲɛtas]

tamanho (m), dimensão (f)	dȳdis (v), išmatãvimai (v dgs)	['dʲi:dʲɪs], [iʃma'ta:vʲɪmʌɪ]
escala (f)	mastēlis (v)	[mas'tʲælʲɪs]

mínimo (adj)	minimalùs	[mʲɪnʲɪma'lʲʊs]
menor, mais pequeno	mažiáusias	[ma'ʒʲæʊsʲæs]
médio (adj)	vidutìnis	[vʲɪdu'tʲɪnʲɪs]
máximo (adj)	maksimalùs	[maksʲɪma'lʲʊs]
maior, mais grande	didžiáusias	[dʲɪ'dʒʲæʊsʲæs]

12. Recipientes

pote (m) de vidro	stiklaìnis (v)	[stʲɪk'lʲʌɪnʲɪs]
lata (~ de cerveja)	skardìnė (m)	[skar'dʲɪnʲe:]
balde (v)	kìbiras (v)	['kʲɪbʲɪras]
barril (m)	statìnė (m)	[sta'tʲɪnʲe:]
bacia (~ de plástico)	dubenėlis (v)	[dʊbe'nʲe:lʲɪs]

tanque (m)	bãkas (v)	['ba:kas]
cantil (m) de bolso	kolba (m)	['kolʲba]
galão (m) de gasolina	kanìstras (v)	[kaˈnʲɪstras]
cisterna (f)	bãkas (v)	['ba:kas]
caneca (f)	puodėlis (v)	[puɑˈdʲælʲɪs]
xícara (f)	puodėlis (v)	[puɑˈdʲælʲɪs]
pires (m)	lėkštėlė (m)	[lʲeːkʃˈtʲælʲeː]
copo (m)	stìklas (v)	['stʲɪklʲas]
taça (f) de vinho	taurė̃ (m)	[tɑʊˈrʲe:]
panela (f)	púodas (v)	['puɑdas]
garrafa (f)	bùtelis (v)	['bʊtʲɛlʲɪs]
gargalo (m)	kãklas (v)	['ka:klʲas]
jarra (f)	grafînas (v)	[graˈfʲɪnas]
jarro (m)	ąsõtis (v)	[a:ˈso:tʲɪs]
recipiente (m)	iñdas (v)	['ɪndas]
pote (m)	púodas (v)	['puɑdas]
vaso (m)	vazà (m)	[vaˈza]
frasco (~ de perfume)	bùtelis (v)	['bʊtʲɛlʲɪs]
frasquinho (m)	buteliùkas (v)	[bʊtʲɛˈlʲʊkas]
tubo (m)	tūbà (m)	[tu:ˈba]
saco (ex. ~ de açúcar)	maĩšas (v)	['mʌɪʃas]
sacola (~ plastica)	pakètas (v)	[paˈkʲɛtas]
maço (de cigarros, etc.)	plúoštas (v)	['plʲuɑʃtas]
caixa (~ de sapatos, etc.)	dėžė̃ (m)	[dʲeːˈʒʲe:]
caixote (~ de madeira)	dėžė̃ (m)	[dʲeːˈʒʲe:]
cesto (m)	krepšỹs (v)	[krʲɛpˈʃʲɪ:s]

VERBOS PRINCIPAIS

13. Os verbos mais importantes. Parte 1

abrir (vt)	atidarýti	[atʲɪda'rʲiːtʲɪ]
acabar, terminar (vt)	užbaĩgti	[ʊʒ'bʌɪktʲɪ]
aconselhar (vt)	patarinéti	[patarʲɪ'nʲeːtʲɪ]
adivinhar (vt)	atspéti	[at'spʲeːtʲɪ]
advertir (vt)	pérspéti	['pʲɛrspʲeːtʲɪ]
ajudar (vt)	padéti	[pa'dʲeːtʲɪ]
almoçar (vi)	pietáuti	[pʲiɛ'taʊtʲɪ]
alugar (~ um apartamento)	núomotis	['nʊamotʲɪs]
amar (pessoa)	myléti	[mʲiː'lʲeːtʲɪ]
ameaçar (vt)	grasìnti	[gra'sʲɪntʲɪ]
anotar (escrever)	užrašinéti	[ʊʒraʃɪ'nʲeːtʲɪ]
apressar-se (vr)	skubéti	[skʊ'bʲeːtʲɪ]
arrepender-se (vr)	gailétis	[gʌɪ'lʲeːtʲɪs]
assinar (vt)	pasirašinéti	[pasʲɪraʃɪ'nʲeːtʲɪ]
brincar (vi)	juokáuti	[jʊa'kaʊtʲɪ]
brincar, jogar (vi, vt)	žaĩsti	['ʒʌɪstʲɪ]
buscar (vt)	ieškóti	[ɪɛʃ'kotʲɪ]
caçar (vi)	medžióti	[mʲɛ'dʒʲotʲɪ]
cair (vi)	krìsti	['krʲɪstʲɪ]
cavar (vt)	raũsti	['raʊstʲɪ]
chamar (~ por socorro)	kviẽsti	['kvʲɛstʲɪ]
chegar (vi)	atvažiúoti	[atva'ʒʲʊatʲɪ]
chorar (vi)	ver̃kti	['vʲɛrktʲɪ]
começar (vt)	pradéti	[pra'dʲeːtʲɪ]
comparar (vt)	lýginti	['lʲiːgʲɪntʲɪ]
concordar (dizer "sim")	sutìkti	[sʊ'tʲɪktʲɪ]
confiar (vt)	pasitikéti	[pasʲɪtʲɪ'kʲeːtʲɪ]
confundir (equivocar-se)	suklýsti	[sʊk'lʲiːstʲɪ]
conhecer (vt)	pažinóti	[paʒʲɪ'notʲɪ]
contar (fazer contas)	skaičiúoti	[skʌɪ'tʂʲʊatʲɪ]
contar com ...	tikétis ...	[tʲɪ'kʲeːtʲɪs ...]
continuar (vt)	tęsti	['tʲɛːstʲɪ]
controlar (vt)	kontroliúoti	[kɔntro'lʲʊatʲɪ]
convidar (vt)	kviẽsti	['kvʲɛstʲɪ]
correr (vi)	bégti	['bʲeːktʲɪ]
criar (vt)	sukùrti	[sʊ'kʊrtʲɪ]
custar (vt)	kainúoti	[kʌɪ'nʊatʲɪ]

14. Os verbos mais importantes. Parte 2

dar (vt)	dúoti	['duatʲɪ]
dar uma dica	užsiminti	[uʒsʲɪ'mʲɪntʲɪ]
decorar (enfeitar)	puõšti	['puaʃtʲɪ]
defender (vt)	ginti	['gʲɪntʲɪ]
deixar cair (vt)	numèsti	[nu'mʲɛstʲɪ]

descer (para baixo)	leìstis	['lʲɛɪstʲɪs]
desculpar (vt)	atleìsti	[at'lʲɛɪstʲɪ]
desculpar-se (vr)	atsiprašinéti	[atsʲɪpraʃʲɪ'nʲe:tʲɪ]
dirigir (~ uma empresa)	vadováuti	[vado'vautʲɪ]
discutir (notícias, etc.)	aptarinéti	[aptarʲɪ'nʲætʲɪ]

disparar, atirar (vi)	šáudyti	['ʃaudʲi:tʲɪ]
dizer (vt)	pasakýti	[pasa'kʲi:tʲɪ]
duvidar (vt)	abejóti	[abʲɛ'jotʲɪ]
encontrar (achar)	ràsti	['rastʲɪ]
enganar (vt)	apgaudinéti	[apgaudʲɪ'nʲe:tʲɪ]

entender (vt)	supràsti	[sup'rastʲɪ]
entrar (na sala, etc.)	įeĩti	[i:'ɛɪtʲɪ]
enviar (uma carta)	išsiũsti	[ɪʃsʲu:stʲɪ]
errar (enganar-se)	klýsti	['klʲi:stʲɪ]
escolher (vt)	išsirinkti	[ɪʃsʲɪ'rʲɪŋktʲɪ]

esconder (vt)	slėpti	['slʲe:ptʲɪ]
escrever (vt)	rašýti	[ra'ʃi:tʲɪ]
esperar (aguardar)	láukti	['lʲauktʲɪ]
esperar (ter esperança)	tikétis	[tʲɪ'kʲe:tʲɪs]
esquecer (vt)	užmíršti	[uʒ'mʲɪrʃtʲɪ]

estudar (vt)	studijúoti	[studʲɪ'juatʲɪ]
exigir (vt)	reikaláuti	[rʲɛɪka'lʲautʲɪ]
existir (vi)	egzistúoti	[ɛgzʲɪs'tuatʲɪ]
explicar (vt)	paaíškinti	[pa'ʌɪʃkʲɪntʲɪ]

falar (vi)	sakýti	[sa'kʲi:tʲɪ]
faltar (a la escuela, etc.)	praleidinéti	[pralʲɛɪdʲɪ'nʲe:tʲɪ]
fazer (vt)	darýti	[da'rʲi:tʲɪ]
ficar em silêncio	tyléti	[tʲi:'lʲe:tʲɪ]
gabar-se (vr)	gìrtis	['gʲɪrtʲɪs]

gostar (apreciar)	patìkti	[pa'tʲɪktʲɪ]
gritar (vi)	šaũkti	['ʃauktʲɪ]
guardar (fotos, etc.)	sáugoti	['saugotʲɪ]

informar (vt)	informúoti	[ɪnfor'muatʲɪ]
insistir (vi)	reikaláuti	[rʲɛɪka'lʲautʲɪ]

insultar (vt)	įžeidinéti	[i:ʒʲɛɪdʲɪ'nʲe:tʲɪ]
interessar-se (vr)	dométis	[do'mʲe:tʲɪs]
ir (a pé)	eĩti	['ɛɪtʲɪ]
ir nadar	máudytis	['maudʲi:tʲɪs]
jantar (vi)	vakarieniáuti	[vakarʲɪɛ'nʲæutʲɪ]

15. Os verbos mais importantes. Parte 3

ler (vt)	skaitýti	[skʌɪ'tʲiːtʲɪ]
libertar, liberar (vt)	išláisvinti	[ɪʃlʲʌɪsvʲɪntʲɪ]
matar (vt)	žudýti	[ʒu'dʲiːtʲɪ]
mencionar (vt)	minéti	[mʲɪ'nʲeːtʲɪ]
mostrar (vt)	ródyti	['rodʲiːtʲɪ]
mudar (modificar)	pakeĩsti	[pa'kʲɛɪstʲɪ]
nadar (vi)	plaũkti	['plʲauktʲɪ]
negar-se a … (vr)	atsisakýti	[atsʲɪsa'kʲiːtʲɪ]
objetar (vt)	prieštaráuti	[prʲiɛʃta'rautʲɪ]
observar (vt)	stebéti	[ste'bʲeːtʲɪ]
ordenar (mil.)	nurodinéti	[nurodʲɪ'nʲeːtʲɪ]
ouvir (vt)	girdéti	[gʲɪr'dʲeːtʲɪ]
pagar (vt)	mokéti	[mo'kʲeːtʲɪ]
parar (vi)	sustóti	[sus'totʲɪ]
parar, cessar (vt)	nustóti	[nu'stotʲɪ]
participar (vi)	dalyváuti	[dalʲiː'vautʲɪ]
pedir (comida, etc.)	užsakinéti	[uʒsakʲɪ'nʲeːtʲɪ]
pedir (um favor, etc.)	prašýti	[pra'ʃɪːtʲɪ]
pegar (tomar)	im̃ti	['ɪmtʲɪ]
pegar (uma bola)	gáudyti	['gaudʲiːtʲɪ]
pensar (vi, vt)	galvóti	[galʲ'votʲɪ]
perceber (ver)	pastebéti	[paste'bʲeːtʲɪ]
perdoar (vt)	atleĩsti	[at'lʲɛɪstʲɪ]
perguntar (vt)	kláusti	['klʲaustʲɪ]
permitir (vt)	leĩsti	['lʲɛɪstʲɪ]
pertencer a … (vi)	priklausýti	[prʲɪklʲau'sʲiːtʲɪ]
planejar (vt)	planúoti	[plʲa'nuatʲɪ]
poder (~ fazer algo)	galéti	[ga'lʲeːtʲɪ]
possuir (uma casa, etc.)	mokéti	[mo'kʲeːtʲɪ]
preferir (vt)	teĩkti pirmenýbę	['tʲɛɪktʲɪ pʲɪrmʲɛ'nʲiːbʲɛː]
preparar (vt)	gamìnti	[ga'mʲɪntʲɪ]
prever (vt)	numatýti	[numa'tʲiːtʲɪ]
prometer (vt)	žadéti	[ʒa'dʲeːtʲɪ]
pronunciar (vt)	ištar̃ti	[ɪʃ'tartʲɪ]
propor (vt)	siū́lyti	['sʲuːlʲiːtʲɪ]
punir (castigar)	baũsti	['baustʲɪ]
quebrar (vt)	láužyti	['lʲauʒʲiːtʲɪ]
queixar-se de …	skų́stis	['sku:stʲɪs]
querer (desejar)	noréti	[no'rʲeːtʲɪ]

16. Os verbos mais importantes. Parte 4

ralhar, repreender (vt)	bárti	['bartʲɪ]
recomendar (vt)	rekomendúoti	[rʲɛkomʲɛn'duatʲɪ]

repetir (dizer outra vez)	kartóti	[kar'totʲɪ]
reservar (~ um quarto)	rezervúoti	[rʲɛzʲɛr'vʊatʲɪ]
responder (vt)	atsakýti	[atsa'kʲi:tʲɪ]
rezar, orar (vi)	melstis	['mʲɛlʲstʲɪs]
rir (vi)	juõktis	['jʊaktʲɪs]
roubar (vt)	võgti	['vo:ktʲɪ]
saber (vt)	žinóti	[ʒʲɪ'notʲɪ]
sair (~ de casa)	išeĩti	[ɪ'ʃɛɪtʲɪ]
salvar (resgatar)	gélbéti	['gʲælʲbʲe:tʲɪ]
seguir (~ alguém)	sèkti ...	['sʲɛktʲɪ ...]
sentar-se (vr)	séstis	['sʲe:stʲɪs]
ser necessário	būti reikalìngu	['bu:tʲɪ rʲɛɪka'lʲɪngʊ]
ser, estar	būti	['bu:tʲɪ]
significar (vt)	reikšti	['rʲɛɪkʃtʲɪ]
sorrir (vi)	šypsótis	[ʃɪ:p'sotʲɪs]
subestimar (vt)	nejvértinti	[nʲɛɪ:'vʲɛrtʲɪntʲɪ]
surpreender-se (vr)	stebétis	[ste'bʲe:tʲɪs]
tentar (~ fazer)	bandýti	[ban'dʲi:tʲɪ]
ter (vt)	turéti	[tʊ'rʲe:tʲɪ]
ter fome	noréti válgyti	[no'rʲe:tʲɪ 'valʲgʲi:tʲɪ]
ter medo	bijóti	[bʲɪ'jotʲɪ]
ter sede	noréti gérti	[no'rʲe:tʲɪ 'gʲærtʲɪ]
tocar (com as mãos)	čiupinéti	[tʃʲʊpʲɪ'nʲe:tʲɪ]
tomar café da manhã	pùsryčiauti	['pusrʲɪ:tʃʲɛʊtʲɪ]
trabalhar (vi)	dìrbti	['dʲɪrptʲɪ]
traduzir (vt)	versti	['vʲɛrstʲɪ]
unir (vt)	apjùngti	[a'pjʊŋktʲɪ]
vender (vt)	pardavinéti	[pardavʲɪ'rʲnʲe:tʲɪ]
ver (vt)	matýti	[ma'tʲi:tʲɪ]
virar (~ para a direita)	sùkti	['sʊktʲɪ]
voar (vi)	skrìsti	['skrʲɪstʲɪ]

TEMPO. CALENDÁRIO

17. Dias da semana

segunda-feira (f)	pirmãdienis (v)	[pʲɪr'ma:dʲiɛnʲɪs]
terça-feira (f)	antrãdienis (v)	[an'tra:dʲiɛnʲɪs]
quarta-feira (f)	trečiãdienis (v)	[trʲɛ'tʂʲædʲiɛnʲɪs]
quinta-feira (f)	ketvirtãdienis (v)	[kʲɛtvʲɪr'ta:dʲiɛnʲɪs]
sexta-feira (f)	penktãdienis (v)	[pʲɛŋk'ta:dʲiɛnʲɪs]
sábado (m)	šeštãdienis (v)	[ʃɛʃ'ta:dʲiɛnʲɪs]
domingo (m)	sekmãdienis (v)	[sʲɛk'ma:dʲiɛnʲɪs]

hoje	šiañdien	['ʃændʲiɛn]
amanhã	rytój	[rʲiː'toj]
depois de amanhã	porýt	[po'rʲiːt]
ontem	vãkar	['va:kar]
anteontem	ùžvakar	['ʊʒvakar]

dia (m)	dienà (m)	[dʲiɛ'na]
dia (m) de trabalho	dárbo dienà (m)	['darbɔ dʲiɛ'na]
feriado (m)	šveñtinė dienà (m)	['ʃvɛntʲɪnʲe: dʲiɛ'na]
dia (m) de folga	išeiginė dienà (m)	[ɪʃɛɪ'gʲɪnʲe: dʲiɛ'na]
fim (m) de semana	saváitgalis (v)	[sa'vʌɪtgalʲɪs]

o dia todo	vìsą dièną	['vʲɪsa: 'dʲɛna:]
no dia seguinte	sėkančią dièną	['sʲɛ̃kantʂʲæ: 'dʲɛna:]
há dois dias	priẽš dvì dienàs	['prʲɛʃ 'dvʲɪ dʲiɛ'nas]
na véspera	ìšvakarėse	['ɪʃvakarʲe:se]
diário (adj)	kasdiẽnis	[kas'dʲɛnʲɪs]
todos os dias	kasdiẽn	[kas'dʲɛn]

semana (f)	saváitė (m)	[sa'vʌɪtʲe:]
na semana passada	pràeitą saváitę	['praʲɛɪta: sa'vʌɪtʲɛ:]
semana que vem	atèinančią saváitę	[a'tʲɛɪnantʂʲæ: sa'vʌɪtʲɛ:]
semanal (adj)	kassaváitinis	[kassa'vʌɪtʲɪnʲɪs]
toda semana	kàs saváitę	['kas sa'vʌɪtʲɛ:]
duas vezes por semana	dù kartùs peř saváitę	['dʊ kar'tʊs pʲɛr sa'vʌɪtʲɛ:]
toda terça-feira	kiekvíeną antrãdienį	[kʲiɛk'vʲiː:ɛna: an'tra:dʲiː:ɛnʲiː:]

18. Horas. Dia e noite

manhã (f)	rýtas (v)	['rʲiː:tas]
de manhã	rytė	[rʲiː'tʲɛ]
meio-dia (m)	vidùrdienis (v)	[vʲɪ'dʊrdʲiɛnʲɪs]
à tarde	popiẽt	[po'pʲɛt]

tardinha (f)	vãkaras (v)	['va:karas]
à tardinha	vakarė	[vaka'rʲɛ]

noite (f)	naktìs (m)	[nak't^jɪs]
à noite	nãktį	['na:kti:]
meia-noite (f)	vidùrnaktis (v)	[v^jɪ'durnakt^jɪs]

segundo (m)	sekùndė (m)	[s^jɛ'kund^je:]
minuto (m)	minùtė (m)	[m^jɪ'nut^je:]
hora (f)	valandà (m)	[val^jan'da]
meia hora (f)	pùsvalandis (v)	['pusval^jand^jɪs]
quarto (m) de hora	ketvìrtis valandõs	[k^jɛt'v^jɪrt^jɪs val^jan'do:s]
quinze minutos	penkiólika minùčių	[p^jɛŋ'k^jol^jɪka m^jɪ'nutʂ^ju:]
vinte e quatro horas	parà (m)	[pa'ra]

nascer (m) do sol	sáulės patekéjimas (v)	['sɑul^je:s pat^jɛ'k^jɛjɪmas]
amanhecer (m)	aušrà (m)	[ɑuʃ'ra]
madrugada (f)	ankstývas rýtas (v)	[aŋk'st^ji:vas 'r^ji:tas]
pôr-do-sol (m)	saulélydis (v)	[sɑu'l^je:l^ji:d^jɪs]

de madrugada	ankstì rytè	[aŋk'st^jɪ r^ji:'t^jɛ]
esta manhã	šiañdien rytè	['ʃænd^jiɛn r^ji:'t^jɛ]
amanhã de manhã	rytój rytè	[r^ji:'toj r^ji:'t^jɛ]

esta tarde	šiañdien diẽną	['ʃæn'd^jɛn 'd^jiɛna:]
à tarde	popiẽt	[po'p^jɛt]
amanhã à tarde	rytój popiẽt	[r^ji:'toj po'p^jɛt]

esta noite, hoje à noite	šiañdien vakarè	['ʃænd^jiɛn vaka'r^jɛ]
amanhã à noite	rytój vakarè	[r^ji:'toj vaka'r^jɛ]

às três horas em ponto	lýgiai trẽčią vãlandą	['l^ji:g^jɛɪ 'tr^jætʂ^jæ: 'va:landa:]
por volta das quatro	apiẽ ketvìrtą vãlandą	[a'p^jɛ k^jɛtv^jɪrta: va:l^janda:]
às doze	dvýliktai vãlandai	['dv^ji:l^jɪktʌɪ 'va:landʌɪ]

em vinte minutos	ùž dvidešimtiẽs minùčių	['uʒ dv^jɪd^jɛʃɪm't^jɛs m^jɪ'nutʂ^ju:]
em uma hora	ùž valandõs	['uʒ val^jan'do:s]
a tempo	laikù	[l^jʌɪ'ku]

… um quarto para	bè ketvìrčio	['b^jɛ 'k^jɛtv^jɪrtʂ^jɔ]
dentro de uma hora	valandõs bėgyje	[val^jan'do:s 'b^je:g^ji:je]
a cada quinze minutos	kàs penkiólika minùčių	['kas p^jɛŋ'k^jol^jɪka m^jɪ'nutʂ^ju:]
as vinte e quatro horas	vìsą pãrą (m)	['v^jɪsa: 'pa:ra:]

19. Meses. Estações

janeiro (m)	saũsis (v)	['sɑus^jɪs]
fevereiro (m)	vasãris (v)	[va'sa:r^jɪs]
março (m)	kovàs (v)	[kɔ'vas]
abril (m)	balañdis (v)	[ba'l^jand^jɪs]
maio (m)	gegužė̃ (m)	[g^jɛgu'ʒ^je:]
junho (m)	biržẽlis (v)	[b^jɪr'ʒ^jæl^jɪs]

julho (m)	líepa (m)	['l^jiepa]
agosto (m)	rugpjū̃tis (v)	[rug'pju:t^jɪs]
setembro (m)	rugsėjis (v)	[rug's^jɛjɪs]
outubro (m)	spãlis (v)	['spa:l^jɪs]

novembro (m)	lãpkritis (v)	['l/a:pkr/ɪt/ɪs]
dezembro (m)	grúodis (v)	['grʊɑd/ɪs]
primavera (f)	pavãsaris (v)	[pa'va:sar/ɪs]
na primavera	pavãsarį	[pa'va:sar/ɪ:]
primaveril (adj)	pavasarìnis	[pavasa'r/ɪn/ɪs]
verão (m)	vãsara (m)	['va:sara]
no verão	vãsarą	['va:sara:]
de verão	vasarìnis	[vasa'r/ɪn/ɪs]
outono (m)	ruduõ (v)	[rʊ'dʊɑ]
no outono	rùdenį	['rʊd/ɛn/ɪ:]
outonal (adj)	rudenìnis	[rʊd/ɛ'n/ɪn/ɪs]
inverno (m)	žiemà (m)	[ʒ/iɛ'ma]
no inverno	žiẽmą	['ʒ/ɛma:]
de inverno	žiemìnis	[ʒ/iɛ'm/ɪn/ɪs]
mês (m)	ménuo (v)	['m/e:nʊɑ]
este mês	šį̃ ménesį	[ʃ/ɪ: 'm/e:nes/ɪ:]
mês que vem	kìtą ménesį	['k/ɪ:ta: 'm/e:nes/ɪ:]
no mês passado	praeitą ménesį	['pra/ɛɪta: 'm/e:nes/ɪ:]
um mês atrás	priẽš ménesį	['pr/ɪ:ɛʃ 'm/e:nes/ɪ:]
em um mês	ùž ménesio	['ʊʒ 'm/e:nes/ɔ]
em dois meses	ùž dvejų̃ ménesių	['ʊʒ dve'ju: 'm/e:nes/u:]
todo o mês	vìsą ménesį	['v/ɪsa: 'm/e:nes/ɪ:]
um mês inteiro	vìsą ménesį	['v/ɪsa: 'm/e:nes/ɪ:]
mensal (adj)	kasménesìnis	[kasm/e:ne's/ɪn/ɪs]
mensalmente	kàs ménesį	['kas 'm/e:nes/ɪ:]
todo mês	kiekvíeną ménesį	[k/iɛk'v/ɪ:ɛna: 'm/e:nes/ɪ:]
duas vezes por mês	dù kartùs peř ménesį	['dʊ kar'tʊs per 'm/e:nes/ɪ:]
ano (m)	mẽtai (v dgs)	['m/ætʌɪ]
este ano	šiaĩs mẽtais	['ʃ/ɛɪs 'm/ætʌɪs]
ano que vem	kitaĩs mẽtais	[k/ɪ'tʌɪs 'm/ætʌɪs]
no ano passado	praeitaĩs mẽtais	[pra/ɛɪ'tʌɪs 'm/ætʌɪs]
há um ano	priẽš metùs	['pr/ɪ:ɛʃ m/ɛ'tʊs]
em um ano	ùž mẽtų	['ʊʒ 'm/ætu:]
dentro de dois anos	ùž dvejų̃ mẽtų	['ʊʒ dv/ɛ'ju: 'm/ætu:]
todo o ano	visùs metùs	[v/ɪ'sʊs m/ɛ'tʊs]
um ano inteiro	visùs metùs	[v/ɪ'sʊs m/ɛ'tʊs]
cada ano	kàs metùs	['kas m/ɛ'tʊs]
anual (adj)	kasmetìnis	[kasm/ɛ't/ɪn/ɪs]
anualmente	kàs metùs	['kas m/ɛ'tʊs]
quatro vezes por ano	kẽturis kartùs peř metùs	['k/ætur/ɪs kar'tʊs p/ɛr m/ɛ'tʊs]
data (~ de hoje)	dienà (m)	[d/iɛ'na]
data (ex. ~ de nascimento)	datà (m)	[da'ta]
calendário (m)	kalendõrius (v)	[kal/ɛn'dɔ:r/ʊs]
meio ano	pùsė mẽtų	['pʊs/e: 'm/ætu:]

seis meses	pùsmetis (v)	[ˈpʊsmʲɛtʲɪs]
estação (f)	sezònas (v)	[sʲɛˈzonas]
século (m)	ámžius (v)	[ˈamʒʲʊs]

VIAGENS. HOTEL

20. Viagens

turismo (m)	turìzmas (v)	[tʊ'rʲɪzmas]
turista (m)	turìstas (v)	[tʊ'rʲɪstas]
viagem (f)	keliõnė (m)	[kʲɛ'lʲoːnʲeː]
aventura (f)	nùotykis (v)	['nʊatʲiːkʲɪs]
percurso (curta viagem)	ìšvyka (m)	['ɪʃvʲiː ka]
férias (f pl)	atóstogos (m dgs)	[a'tostogos]
estar de férias	atostogáuti	[atosto'gaʊtʲɪ]
descanso (m)	póilsis (v)	['poɪlʲsʲɪs]
trem (m)	traukinỹs (v)	[traʊkʲɪ'nʲiːs]
de trem (chegar ~)	tráukiniu	['traʊkʲɪnʲʊ]
avião (m)	lėktùvas (v)	[lʲe:k'tʊvas]
de avião	lėktuvù	[lʲe:ktʊ'vʊ]
de carro	automobiliù	[aʊtomobʲɪ'lʲʊ]
de navio	laivù	[lʲʌɪ'vʊ]
bagagem (f)	bagãžas (v)	[ba'gaːʒas]
mala (f)	lagamìnas (v)	[lʲaga'mʲɪnas]
carrinho (m)	bagãžo vežimẽlis (v)	[ba'gaːʒɔ veʒʲɪ'mʲe:lʲɪs]
passaporte (m)	pãsas (v)	['paːsas]
visto (m)	vizà (v)	[vʲɪ'za]
passagem (f)	bìlietas (v)	['bʲɪlʲiɛtas]
passagem (f) aérea	lėktùvo bìlietas (v)	[lʲe:k'tʊvɔ 'bʲɪlʲiɛtas]
guia (m) de viagem	vadõvas (v)	[va'do:vas]
mapa (m)	žemélapis (v)	[ʒe'mʲe:lʲapʲɪs]
área (f)	vietóvė (m)	[vʲiɛ'tovʲe:]
lugar (m)	vietà (m)	[vʲiɛ'ta]
exotismo (m)	egzòtika (m)	[ɛg'zotʲɪka]
exótico (adj)	egzòtinis	[ɛg'zotʲɪnʲɪs]
surpreendente (adj)	nuostabùs	[nʊasta'bʊs]
grupo (m)	grùpė (m)	['grʊpʲe:]
excursão (f)	ekskùrsija (m)	[ɛks'kʊrsʲɪjɛ]
guia (m)	ekskùrsijos vadõvas (v)	[ɛks'kʊrsʲɪjɔs va'do:vas]

21. Hotel

hotel (m)	viẽšbutis (v)	['vʲɛʃbutʲɪs]
motel (m)	motèlis (v)	[mo'tʲɛlʲɪs]
três estrelas	3 žvaigždùtės	['trʲɪs ʒvʌɪgʒ'dʊtʲe:s]

cinco estrelas	5 žvaigždùtės	['penᵏᵉos ʒvʌɪgʒ'dutᵉe:s]
ficar (vi, vt)	apsistóti	[apsᵉɪs'totᵉɪ]
quarto (m)	kambarỹs (v)	[kamba'rᵉi:s]
quarto (m) individual	vienviẽtis kambarỹs (v)	['vᵉiɛn'vᵉɛtᵉɪs kamba'rᵉi:s]
quarto (m) duplo	dviviẽtis kambarỹs (v)	[dvᵉɪ'vᵉɛtᵉɪs kamba'rᵉi:s]
reservar um quarto	rezervúoti kaṁbarį	[rᵉɛzᵉɛr'vuatᵉɪ 'kambarᵉɪ:]
meia pensão (f)	pusiáu pensiònas (v)	[pusᵉææu pᵉɛnsᵉɪ'jɔnas]
pensão (f) completa	pensiònas (v)	[pᵉɛnsᵉɪ'jɔnas]
com banheira	sù vonià	['su vo'nᵉæ]
com chuveiro	sù dušù	['su du'ʃu]
televisão (m) por satélite	palydõvinė televìzija (m)	[palᵉi:'do:vᵉɪnᵉe: tᵉɛlᵉɛ'vᵉɪzᵉɪjɛ]
ar (m) condicionado	kondicioniẽrius (v)	[kondᵉɪtsᵉɪjo'nᵉɛrᵉus]
toalha (f)	raṅkšluostis (v)	['raŋkʃlᵉuastᵉɪs]
chave (f)	rãktas (v)	['ra:ktas]
administrador (m)	administrãtorius (v)	[admᵉɪnᵉɪs'tra:torᵉus]
camareira (f)	kambarìnė (m)	[kamba'rᵉɪnᵉe:]
bagageiro (m)	nešìkas (v)	[nᵉɛ'ʃɪkas]
porteiro (m)	registrãtorius (v)	[rᵉɛgᵉɪs'tra:torᵉus]
restaurante (m)	restorãnas (v)	[rᵉɛsto'ra:nas]
bar (m)	bãras (v)	['ba:ras]
café (m) da manhã	pùsryčiai (v dgs)	['pusrᵉi:tʂᵉɛɪ]
jantar (m)	vakariẽnė (m)	[vaka'rᵉɛnᵉe:]
bufê (m)	švèdiškas stãlas (v)	['ʃvᵉɛdᵉɪʃkas 'sta:lᵉas]
saguão (m)	vestibiùlis (v)	[vᵉɛstᵉɪ'bᵉulᵉɪs]
elevador (m)	lìftas (v)	['lᵉɪftas]
NÃO PERTURBE	NETRUKDÝTI	[nᵉɛtruk'dᵉi:tᵉɪ]
PROIBIDO FUMAR!	NERŪKÝTI!	[nᵉɛru:'kᵉi:tᵉɪ]

22. Turismo

monumento (m)	pamiñklas (v)	[pa'mᵉɪŋklᵉas]
fortaleza (f)	tvirtóvė (m)	[tvᵉɪr'tovᵉe:]
palácio (m)	rũmai (v)	['ru:mʌɪ]
castelo (m)	pilìs (m)	[pᵉɪ'lᵉɪs]
torre (f)	bókštas (v)	['bokʃtas]
mausoléu (m)	mauzoliẽjus (v)	[mauzo'lᵉɛjus]
arquitetura (f)	architektūrà (m)	[arxᵉɪtᵉɛktu:'ra]
medieval (adj)	vidùramžių	[vᵉɪ'duramʒᵉu:]
antigo (adj)	senóvinis	[sᵉɛ'novᵉɪnᵉɪs]
nacional (adj)	nacionãlinis	[natsᵉɪjo'na:lᵉɪnᵉɪs]
famoso, conhecido (adj)	žymùs	[ʒᵉi:'mus]
turista (m)	turìstas (v)	[tu'rᵉɪstas]
guia (pessoa)	gìdas (v)	['gᵉɪdas]
excursão (f)	ekskùrsija (m)	[ɛks'kursᵉɪjɛ]
mostrar (vt)	ródyti	['rodᵉi:tᵉɪ]

contar (vt)	**pãsakoti**	['pa:sakotʲɪ]
encontrar (vt)	**rãsti**	['rastʲɪ]
perder-se (vr)	**pasiklýsti**	[pasʲɪ'klʲi:stʲɪ]
mapa (~ do metrô)	**schemà** (m)	[sxʲɛ'ma]
mapa (~ da cidade)	**plãnas** (v)	['plʲa:nas]
lembrança (f), presente (m)	**suvenÿras** (v)	[suvʲɛ'nʲi:ras]
loja (f) de presentes	**suvenÿrų parduotùvė** (m)	[suve'nʲi:ru: pardʊa'tʊvʲe:]
tirar fotos, fotografar	**fotografúoti**	[fotogra'fʊatʲɪ]
fotografar-se (vr)	**fotografúotis**	[fotogra'fʊatʲɪs]

TRANSPORTES

23. Aeroporto

aeroporto (m)	óro úostas (v)	['orɔ 'uɑstas]
avião (m)	léktuvas (v)	[lʲeːkˈtʊvas]
companhia (f) aérea	aviakompãnija (m)	[avʲækomˈpaːnʲɪjɛ]
controlador (m)	dispéčeris (v)	[dʲɪsˈpʲɛtʂʲɛrʲɪs]
de tráfego aéreo		

partida (f)	išskridìmas (v)	[ɪʃskrʲɪˈdʲɪmas]
chegada (f)	atskridìmas (v)	[atskrʲɪˈdʲɪmas]
chegar (vi)	atskrìsti	[atsˈkrʲɪstʲɪ]

hora (f) de partida	išvykìmo laĩkas (v)	[ɪʃvʲiːˈkʲɪmɔ 'lʲʌɪkas]
hora (f) de chegada	atvykìmo laĩkas (v)	[atvʲiːˈkʲɪmɔ 'lʲʌɪkas]

estar atrasado	vélúoti	[vʲeːˈlʲʊɑtʲɪ]
atraso (m) de voo	skrỹdžio atidėjìmas (v)	['skrʲiːdʒʲɔ atʲɪdʲeːˈjɪmas]

painel (m) de informação	informãcinė švíeslentė (m)	[ɪnforˈmaːtsʲɪnʲe: 'ʃvʲɛslʲɛntʲeː]
informação (f)	informãcija (m)	[ɪnforˈmaːtsʲɪjɛ]
anunciar (vt)	paskélbti	[pasˈkʲɛlʲptʲɪ]
voo (m)	reĩsas (v)	['rʲɛɪsas]

alfândega (f)	muĩtinė (m)	['mʊɪtʲɪnʲeː]
funcionário (m) da alfândega	muĩtininkas (v)	['mʊɪtʲɪnʲɪŋkas]

declaração (f) alfandegária	deklarãcija (m)	[dʲɛklʲaˈraːtsʲɪjɛ]
preencher (vt)	užpìldyti	[ʊʒˈpʲɪlʲdʲiːtʲɪ]
preencher a declaração	užpìldyti deklarãciją	[ʊʒˈpʲɪlʲdʲiːtʲɪ dʲɛklaˈraːtsʲjaː]
controle (m) de passaporte	pasų kontrõlė (m)	[paˈsuː konˈtrolʲeː]

bagagem (f)	bagãžas (v)	[baˈgaːʒas]
bagagem (f) de mão	rañkinis bagãžas (v)	['raŋkʲɪnʲɪs baˈgaːʒas]
carrinho (m)	vežimẽlis (v)	[vʲɛʒɪˈmʲeːlʲɪs]

pouso (m)	įlaipìnimas (v)	[iːlʲʌɪˈpʲɪːnʲɪmas]
pista (f) de pouso	nusileidìmo tãkas (v)	[nʊsʲɪlʲɛɪˈdʲɪmɔ taːkas]
aterrissar (vi)	léistis	['lʲɛɪstʲɪs]
escada (f) de avião	laiptẽliai (v dgs)	[lʌɪpˈtʲælʲɛɪ]

check-in (m)	registrãcija (m)	[rʲɛgʲɪsˈtraːtsʲɪjɛ]
balcão (m) do check-in	registrãcijos stãlas (v)	[rʲɛgʲɪsˈtraːtsʲɪjos 'staːlas]
fazer o check-in	užsiregistrúoti	[ʊʒsʲɪrʲɛgʲɪsˈtrʊɑtʲɪ]
cartão (m) de embarque	įlipìmo talõnas (v)	[iːlʲɪˈpʲɪːmɔ taˈlonas]
portão (m) de embarque	išėjìmas (v)	[ɪʃeːˈjɪmas]

trânsito (m)	tranzìtas (v)	[tranˈzʲɪtas]
esperar (vi, vt)	láukti	['lʲɑʊktʲɪ]

sala (f) de espera	laukiamàsis (v)	[lⁱɑʊkⁱæ'masⁱɪs]
despedir-se (acompanhar)	lydéti	[lⁱi:'dⁱe:tⁱɪ]
despedir-se (dizer adeus)	atsisvéikinti	[atsⁱɪ'svⁱɛɪkⁱɪntⁱɪ]

24. Avião

avião (m)	léktùvas (v)	[lⁱe:k'tʊvas]
passagem (f) aérea	léktùvo bìlietas (v)	[lⁱe:k'tʊvɔ 'bⁱɪlⁱiɛtas]
companhia (f) aérea	aviakompãnija (m)	[avⁱækom'pa:nⁱɪjɛ]
aeroporto (m)	óro úostas (v)	['orɔ 'ʊostas]
supersônico (adj)	viršgarsìnis	[vⁱɪrʃgar'sⁱɪnⁱɪs]

comandante (m) do avião	órlaivio kapitõnas (v)	['orlⁱaɪvⁱɔ kapⁱɪ'to:nas]
tripulação (f)	ekipàžas (v)	[ɛkⁱɪ'pa:ʒas]
piloto (m)	pilòtas (v)	[pⁱɪ'lⁱotas]
aeromoça (f)	stiuardèsė (m)	[stⁱʊar'dⁱɛsⁱe:]
copiloto (m)	štùrmanas (v)	['ʃtʊrmanas]

asas (f pl)	sparnaì (v dgs)	[spar'nʌɪ]
cauda (f)	gãlas (v)	['ga:lⁱas]
cabine (f)	kabinà (m)	[kabⁱɪ'na]
motor (m)	varìklis (v)	[va'rⁱɪklⁱɪs]

trem (m) de pouso	važiuõklė (m)	[vaʒⁱʊ'o:klⁱe:]
turbina (f)	turbinà (m)	[tʊrbⁱɪ'na]

hélice (f)	propèleris (v)	[pro'pⁱɛlⁱɛrⁱɪs]
caixa-preta (f)	juodà dėžė̃ (m)	[jʊɑ'da dⁱe:ʒⁱe:]

coluna (f) de controle	vairãratis (v)	[vʌɪ'ra:ratⁱɪs]
combustível (m)	degalaì (v dgs)	[dⁱɛga'lⁱʌɪ]

instruções (f pl) de segurança	instrùkcija (m)	[ɪns'trʊktsⁱɪjɛ]
máscara (f) de oxigênio	deguõnies káukė (m)	[dⁱɛgʊɑ'nⁱiɛs 'kɑʊkⁱe:]
uniforme (m)	unifòrma (m)	[unⁱɪ'forma]

colete (m) salva-vidas	gélbėjimosi liemẽnė (m)	['gⁱælⁱbⁱe:jimosⁱɪ lⁱiɛ'mⁱænⁱe:]
paraquedas (m)	parašiùtas (v)	[para'ʃʊtas]

decolagem (f)	kilìmas (v)	[kⁱɪ'lⁱɪmas]
descolar (vi)	kìlti	['kⁱɪlⁱtⁱɪ]
pista (f) de decolagem	kilìmo tãkas (v)	[kⁱɪ'lⁱɪmɔ 'ta:kas]

visibilidade (f)	matomùmas (v)	[mato'mʊmas]
voo (m)	skrỹdis (v)	['skrⁱi:dⁱɪs]

altura (f)	aũkštis (v)	['ɑʊkʃtⁱɪs]
poço (m) de ar	óro duobė̃ (m)	['orɔ dʊɑ'bⁱe:]

assento (m)	vietà (m)	[vⁱiɛ'ta]
fone (m) de ouvido	ausìnės (m dgs)	[ɑʊ'sⁱɪnⁱe:s]
mesa (f) retrátil	atverčiamàsis staliùkas (v)	[atvⁱɛrtʃⁱæ'masⁱɪs sta'lⁱʊkas]
janela (f)	iliuminãtorius (v)	[ɪlⁱʊmⁱɪ'na:torⁱʊs]
corredor (m)	praėjìmas (v)	[prae:'jⁱɪmas]

25. Comboio

trem (m)	traukinỹs (v)	[trɑʊkʲɪˈnʲiːs]
trem (m) elétrico	elektrìnis traukinỹs (v)	[ɛlʲɛkˈtrʲɪnʲɪs trɑʊkʲɪˈnʲiːs]
trem (m)	greitàsis traukinỹs (v)	[grʲɛɪˈtasʲɪs trɑʊkʲɪˈnʲiːs]
locomotiva (f) diesel	motòrvežis (v)	[moˈtorvʲɛʒɪs]
locomotiva (f) a vapor	garvežỹs (v)	[garvʲɛˈʒʲiːs]

vagão (f) de passageiros	vagònas (v)	[vaˈgonas]
vagão-restaurante (m)	vagònas restorãnas (v)	[vaˈgonas rʲɛstoˈraːnas]

carris (m pl)	bėgiai (v dgs)	[ˈbʲeːgʲɛɪ]
estrada (f) de ferro	geležìnkelis (v)	[gʲɛlʲɛˈʒʲɪŋkʲɛlʲɪs]
travessa (f)	pãbėgis (v)	[ˈpaːbʲeːgʲɪs]

plataforma (f)	platfòrma (m)	[plʲatˈforma]
linha (f)	kėlias (v)	[ˈkʲæʎʲæs]
semáforo (m)	semafòras (v)	[sʲɛmaˈforas]
estação (f)	stotìs (m)	[stoˈtʲɪs]

maquinista (m)	mašinìstas (v)	[maʃɪˈnʲɪstas]
bagageiro (m)	nešìkas (v)	[nʲɛˈʃɪkas]
hospedeiro, -a (m, f)	kondùktorius (v)	[kɔnˈdʊktorʲʊs]
passageiro (m)	kelèivis (v)	[kʲɛˈlʲɛɪvʲɪs]
revisor (m)	kontroliẽrius (v)	[kɔntroˈlʲɛrʲʊs]

corredor (m)	korìdorius (v)	[kɔˈrʲɪdorʲʊs]
freio (m) de emergência	stãbdymo krãnas (v)	[ˈsta:bdʲiːmɔ ˈkra:nas]

compartimento (m)	kupė̃ (m)	[kʊˈpʲeː]
cama (f)	lentýna (m)	[lʲɛnˈtʲiːna]
cama (f) de cima	viršutìnė lentýna (m)	[vʲɪrʃʊˈtʲɪnʲeː lʲɛnˈtʲiːna]
cama (f) de baixo	apatìnė lentýna (m)	[apaˈtʲɪnʲeː lʲɛnˈtʲiːna]
roupa (f) de cama	pãtalynė (m)	[ˈpa:talʲiːnʲeː]

passagem (f)	bìlietas (v)	[ˈbʲɪlʲiɛtas]
horário (m)	tvarkãraštis (v)	[tvarˈka:raʃtʲɪs]
painel (m) de informação	šviẽslentė (v)	[ˈʃvʲɛslʲɛntʲeː]

partir (vt)	išvýkti	[ɪʃˈvʲiːktʲɪ]
partida (f)	išvykìmas (v)	[ɪʃvʲiːˈkʲɪmas]
chegar (vi)	atvýkti	[atˈvʲiːktʲɪ]
chegada (f)	atvykìmas (v)	[atvʲiːˈkʲɪmas]

chegar de trem	atvažiúoti tráukiniu	[atvaˈʒʲʊatʲɪ ˈtrɑʊkʲɪnʲʊ]
pegar o trem	įlìpti į̃ tráukinį	[iːˈlʲɪˈptʲɪ iː ˈtrɑʊkʲɪnʲɪː]
descer de trem	išlìpti iš tráukinio	[ɪʃˈlʲɪptʲɪ ɪʃ ˈtrɑʊkʲɪnʲɔ]

acidente (m) ferroviário	katastrofà (m)	[katastroˈfa]
descarrilar (vi)	nulẽkti nuõ bė̃gių	[nʊˈlʲeːktʲɪ ˈnʊɑ ˈbʲeːgʲuː]

locomotiva (f) a vapor	garvežỹs (v)	[garvʲɛˈʒʲiːs]
foguista (m)	kũrìkas (v)	[kuːˈrʲɪkas]
fornalha (f)	kũryklà (m)	[kuːrʲiːkˈlʲa]
carvão (m)	anglìs (m)	[angˈlʲɪs]

26. Barco

navio (m)	laivas (v)	[ˈlʲʌɪvas]
embarcação (f)	laivas (v)	[ˈlʲʌɪvas]
barco (m) a vapor	garlaivis (v)	[ˈgarlʲʌɪvʲɪs]
barco (m) fluvial	motorlaivis (v)	[moˈtorlʲʌɪvʲɪs]
transatlântico (m)	laineris (v)	[ˈlʲʌɪnʲɛrʲɪs]
cruzeiro (m)	kreiseris (v)	[ˈkrʲɛɪsʲɛrʲɪs]
iate (m)	jachta (m)	[jaxˈta]
rebocador (m)	vilkikas (v)	[vʲɪlʲˈkʲɪkas]
barcaça (f)	barža (m)	[ˈbarʒa]
ferry (m)	keltas (v)	[ˈkʲɛlʲtas]
veleiro (m)	burinis laivas (v)	[ˈburʲɪnʲɪs ˈlʲʌɪvas]
bergantim (m)	brigantina (m)	[brʲɪgantʲɪˈna]
quebra-gelo (m)	ledlaužis (v)	[ˈlʲædlɑʊʒʲɪs]
submarino (m)	povandeninis laivas (v)	[povandʲɛˈnʲɪnʲɪs ˈlʲʌɪvas]
bote, barco (m)	valtis (m)	[ˈvalʲtʲɪs]
baleeira (bote salva-vidas)	valtis (m)	[ˈvalʲtʲɪs]
bote (m) salva-vidas	gelbėjimo valtis (m)	[ˈgʲælʲbʲeːjɪmɔ ˈvalʲtʲɪs]
lancha (f)	kateris (v)	[ˈkaːtʲɛrʲɪs]
capitão (m)	kapitonas (v)	[kapʲɪˈtoːnas]
marinheiro (m)	jūreivis (v)	[juːˈrʲɛɪvʲɪs]
marujo (m)	jūrininkas (v)	[ˈjuːrʲɪnʲɪŋkas]
tripulação (f)	ekipažas (v)	[ɛkʲɪˈpaːʒas]
contramestre (m)	bocmanas (v)	[ˈbotsmanas]
grumete (m)	junga (m)	[ˈjuŋga]
cozinheiro (m) de bordo	viréjas (v)	[vʲɪˈrʲeːjas]
médico (m) de bordo	laivo gydytojas (v)	[ˈlʲʌɪvɔ ˈgʲiːdʲiːtɔːjɛs]
convés (m)	denis (v)	[ˈdʲænʲɪs]
mastro (m)	stiebas (v)	[ˈstʲiɛbas]
vela (f)	burė (m)	[ˈburʲeː]
porão (m)	triumas (v)	[ˈtrʲumas]
proa (f)	laivo priekis (v)	[ˈlʲʌɪvɔ ˈprʲiɛkʲɪs]
popa (f)	laivagalis (v)	[lʌɪˈvaːgalʲɪs]
remo (m)	irklas (v)	[ˈɪrklʲas]
hélice (f)	sraigtas (v)	[ˈsrʌɪktas]
cabine (m)	kajutė (m)	[kaˈjutʲeː]
sala (f) dos oficiais	kajutkompanija (m)	[kajutkomˈpaːnʲɪjɛ]
sala (f) das máquinas	mašinų skyrius (v)	[maˈʃɪnu: ˈskʲiːrʲʊs]
ponte (m) de comando	kapitono tiltelis (v)	[kapʲɪˈtoːnɔ tʲɪlʲˈtʲælʲɪs]
sala (f) de comunicações	radijo kabina (m)	[ˈraːdʲɪjɔ kabʲɪˈna]
onda (f)	banga (m)	[banˈga]
diário (m) de bordo	laivo žurnalas (v)	[ˈlʲʌɪvɔ ʒurˈnaːlas]
luneta (f)	žiūronas (v)	[ʒʲuːˈroːnas]
sino (m)	laivo skambalas (v)	[ˈlʲʌɪvɔ ˈskambalʲas]

bandeira (f)	vėliava (m)	['vʲe:lʲæva]
cabo (m)	lýnas (v)	['lʲi:nas]
nó (m)	mãzgas (v)	['ma:zgas]
corrimão (m)	turėklai (v dgs)	[tʊ'rʲe:klʲʌɪ]
prancha (f) de embarque	trãpas (v)	['tra:pas]
âncora (f)	iñkaras (v)	['ɪŋkaras]
recolher a âncora	pakelti iñkarą	[pa'kʲɛlʲtʲɪ 'ɪŋkara:]
jogar a âncora	nuleisti iñkarą	[nʊ'lʲeɪstʲɪ 'ɪŋkara:]
amarra (corrente de âncora)	iñkaro grandinė (m)	['ɪŋkarɔ gran'dʲɪnʲe:]
porto (m)	uostas (v)	['ʊɑstas]
cais, amarradouro (m)	prieplauka (m)	['prʲɪɛplʲɑʊka]
atracar (vi)	prisišvartuoti	[prʲɪsʲɪʃvar'tʊɑtʲɪ]
desatracar (vi)	išplaŭkti	[ɪʃplʲɑʊktʲɪ]
viagem (f)	kelionė (m)	[kʲɛ'lʲo:nʲe:]
cruzeiro (m)	kruizas (v)	[krʊ'ɪzas]
rumo (m)	kùrsas (v)	['kʊrsas]
itinerário (m)	maršrùtas (v)	[marʃ'rʊtas]
canal (m) de navegação	farvãteris (v)	[far'va:tʲɛrʲɪs]
banco (m) de areia	seklumà (m)	[sʲɛklʲʊ'ma]
encalhar (vt)	užplaŭkti ant seklumõs	[ʊʒ'plʲɑʊktʲɪ ant sʲɛklʲʊ'mo:s]
tempestade (f)	audrà (m)	[ɑʊd'ra]
sinal (m)	signãlas (v)	[sʲɪg'na:lʲas]
afundar-se (vr)	skęsti	['skʲɛ:stʲɪ]
Homem ao mar!	Žmogùs vandenyjè!	[ʒmo'gʊs vandʲɛnʲi:'jæ!]
SOS	SOS	[ɛs ɔ ɛs]
boia (f) salva-vidas	gelbėjimosi rãtas (v)	[gʲɛlʲbʲe:jimosʲɪ 'ra:tas]

CIDADE

27. Transportes urbanos

ônibus (m)	autobùsas (v)	[auto'busas]
bonde (m) elétrico	tramvãjus (v)	[tram'va:jus]
trólebus (m)	troleibùsas (v)	[trolʲɛɪ'busas]
rota (f), itinerário (m)	maršrùtas (v)	[marʃ'rutas]
número (m)	nùmeris (v)	['numʲɛrʲɪs]

ir de ... (carro, etc.)	važiúoti ...	[va'ʒʲuatʲɪ ...]
entrar no ...	įlìpti į̃ ...	[i:'lʲɪ:ptʲɪ i: ...]
descer do ...	išlìpti ìš ...	[ɪʃ'lʲɪptʲɪ ɪʃ ...]

parada (f)	stotēlė (m)	[sto'tʲælʲe:]
próxima parada (f)	kità stotēlė (m)	[kʲɪ'ta sto'tʲælʲe:]
terminal (m)	galutìnė stotēlė (m)	[galu'tʲɪnʲe: sto'tʲælʲe:]
horário (m)	tvarkãraštis (v)	[tvar'ka:raʃtʲɪs]
esperar (vt)	láukti	['lʲauktʲɪ]

passagem (f)	bìlietas (v)	['bʲɪlʲiɛtas]
tarifa (f)	bìlieto kaĩna (m)	['bʲɪlʲiɛtɔ 'kʌɪna]

bilheteiro (m)	kãsininkas (v)	['ka:sʲɪnʲɪŋkas]
controle (m) de passagens	kontrolē (m)	[kɔn'trolʲe:]
revisor (m)	kontroliẽrius (v)	[kɔntro'lʲɛrʲus]

atrasar-se (vr)	vēlúoti	[vʲe:'lʲuatʲɪ]
perder (o autocarro, etc.)	pavēlúoti	[pavʲe:'lʲuatʲɪ]
estar com pressa	skubēti	[sku'bʲe:tʲɪ]

táxi (m)	taksì (v)	[tak'sʲɪ]
taxista (m)	taksìstas (v)	[tak'sʲɪstas]
de táxi (ir ~)	sù taksì	['su tak'sʲɪ]
ponto (m) de táxis	taksì stovéjimo aikštēlė (m)	[tak'sʲɪ sto'vʲɛjɪmɔ ʌɪkʃ'tʲælʲe:]
chamar um táxi	iškviẽsti taksì	[ɪʃk'vʲɛstʲɪ tak'sʲɪ]
pegar um táxi	įsēstì į̃ taksì	[i:sʲes'tʲɪ: i: tak'sʲɪ:]

tráfego (m)	gãtvės judéjimas (v)	['ga:tvʲe:s ju'dʲɛjɪmas]
engarrafamento (m)	kamštis (v)	['kamʃtʲɪs]
horas (f pl) de pico	pìko vãlandos (m dgs)	['pʲɪkɔ 'va:lʲandos]
estacionar (vi)	parkúotis	[par'kuatʲɪs]
estacionar (vt)	parkúoti	[par'kuatʲɪ]
parque (m) de estacionamento	stovéjimo aikštēlė (m)	[sto'vʲɛjɪmɔ ʌɪkʃ'tʲælʲe:]

metrô (m)	metrò	[mʲɛ'tro]
estação (f)	stotìs (m)	[sto'tʲɪs]
ir de metrô	važiúoti metrò	[va'ʒʲuatʲɪ mʲɛ'trɔ]
trem (m)	traukinỹs (v)	[trauk'ɪ'nʲi:s]
estação (f) de trem	stotìs (m)	[sto'tʲɪs]

37

28. Cidade. Vida na cidade

cidade (f)	miẽstas (v)	['mˡɛstas]
capital (f)	sóstinė (m)	['sostˡɪnˡe:]
aldeia (f)	káimas (v)	['kʌɪmas]

mapa (m) da cidade	miẽsto plãnas (v)	['mˡɛstɔ 'plˡa:nas]
centro (m) da cidade	miẽsto ceñtras (v)	['mˡɛstɔ 'tsˡɛntras]
subúrbio (m)	príemiestis (v)	['prˡiɛmˡestˡɪs]
suburbano (adj)	príemiesčio	['prˡiɛmˡiɛstʂˡɔ]

periferia (f)	pakraštỹs (v)	[pakraʃˡtˡi:s]
arredores (m pl)	apýlinkės (m dgs)	[a'pˡi:lˡɪŋkˡe:s]
quarteirão (m)	kvartãlas (v)	[kvar'ta:lˡas]
quarteirão (m) residencial	gyvẽnamas kvartãlas (v)	[gˡi:'vˡænamas kvar'ta:lˡas]

tráfego (m)	judéjimas (v)	[jʊ'dˡɛjɪmas]
semáforo (m)	šviesofòras (v)	[ʃvˡiɛso'foras]
transporte (m) público	miẽsto transpòrtas (v)	['mˡɛstɔ trans'portas]
cruzamento (m)	sánkryža (m)	['saŋkrˡi:ʒa]

faixa (f)	pérėja (m)	['pˡɛrˡe:ja]
túnel (m) subterrâneo	požemìnė pérėja (m)	[poʒe'mˡɪnˡe: 'pˡærˡe:ja]
cruzar, atravessar (vt)	péreiti	['pˡɛrˡɛɪtˡɪ]
pedestre (m)	péstysis (v)	['pˡe:stˡi:sˡɪs]
calçada (f)	šalìgatvis (v)	[ʃa'lˡɪgatvˡɪs]

ponte (f)	tìltas (v)	['tˡɪlˡtas]
margem (f) do rio	krantìnė (m)	[kran'tˡɪnˡe:]

alameda (f)	aléja (m)	[a'lˡe:ja]
parque (m)	párkas (v)	['parkas]
bulevar (m)	bulvãras (v)	[bʊlˡ'va:ras]
praça (f)	aikštẽ (m)	[ʌɪkʃˡtˡe:]
avenida (f)	prospèktas (v)	[pros'pˡɛktas]
rua (f)	gãtvė (m)	['ga:tvˡe:]
travessa (f)	skeȓsgatvis (v)	['skˡɛrsgatvˡɪs]
beco (m) sem saída	tupìkas (v)	[tʊ'pˡɪkas]

casa (f)	nãmas (v)	['na:mas]
edifício, prédio (m)	pãstatas (v)	['pa:statas]
arranha-céu (m)	dangóraižis (v)	[dan'gorʌɪʒˡɪs]

fachada (f)	fasãdas (v)	[fa'sa:das]
telhado (m)	stógas (v)	['stogas]
janela (f)	lángas (v)	['lˡangas]
arco (m)	árka (m)	['arka]
coluna (f)	kolonà (m)	[kɔlˡo'na]
esquina (f)	kaȓpas (v)	['kampas]

vitrine (f)	vitrinà (m)	[vˡɪtrˡɪ'na]
letreiro (m)	ìškaba (m)	['ɪʃkaba]
cartaz (do filme, etc.)	afìša (m)	[afˡɪ'ʃa]
cartaz (m) publicitário	reklãminis plakãtas (v)	[rˡɛkˡlˡa:mˡɪnˡɪs plˡa'ka:tas]
painel (m) publicitário	reklãminis skỹdas (v)	[rˡɛkˡlˡa:mˡɪnˡɪs 'skˡi:das]

lixo (m)	šiùkšlés (m dgs)	['ʃʊkʃlʲeːs]
lata (f) de lixo	ùrna (m)	['ʊrna]
jogar lixo na rua	šiùkšlinti	['ʃʊkʃlʲɪntʲɪ]
aterro (m) sanitário	sąvartýnas (v)	[saːvarʲtʲiːnas]

orelhão (m)	telefòno bùdelė (m)	[tʲɛlʲɛ'fonɔ 'bʊdelʲeː]
poste (m) de luz	žibiñto stùlpas (v)	[ʒʲɪ'bʲɪntɔ 'stʊlpas]
banco (m)	súolas (v)	['sʊɑlʲas]

polícia (m)	polìcininkas (v)	[po'lʲɪtsʲɪnʲɪŋkas]
polícia (instituição)	polìcija (m)	[po'lʲɪtsʲɪjɛ]
mendigo, pedinte (m)	skuñdžius (v)	['skʊrdʒʲʊs]
desabrigado (m)	benāmis (v)	[bʲɛ'naːmʲɪs]

29. Instituições urbanas

loja (f)	parduotùvė (m)	[pardʊɑ'tʊvʲeː]
drogaria (f)	vàistinė (m)	['vʌɪstʲɪnʲeː]
ótica (f)	òptika (m)	['optʲɪka]
centro (m) comercial	prekýbos ceñtras (v)	[prʲɛ'kʲiːbos 'tsʲɛntras]
supermercado (m)	supermárketas (v)	[sʊpʲɛr'markʲɛtas]

padaria (f)	bandēlių kráutuvė (m)	[ban'dʲælʲu: 'krɑʊtʊvʲeː]
padeiro (m)	kepéjas (v)	[kʲɛ'pʲeːjas]
pastelaria (f)	konditèrija (m)	[kondʲɪ'tʲɛrʲɪjɛ]
mercearia (f)	bakaléja (m)	[baka'lʲeːja]
açougue (m)	mėsõs kráutuvė (m)	[mʲe'soːs 'krɑʊtʊvʲeː]

| fruteira (f) | daržóvių kráutuvė (m) | [dar'ʒovʲu: 'krɑʊtʊvʲeː] |
| mercado (m) | prekývietė (m) | [prʲɛ'kʲiːvʲiɛtʲeː] |

cafeteria (f)	kavìnė (m)	[ka'vʲɪnʲeː]
restaurante (m)	restorānas (v)	[rʲɛsto'raːnas]
bar (m)	alùdė (m)	[a'lʲʊdʲeː]
pizzaria (f)	picèrija (m)	[pʲɪ'tsʲɛrʲɪjɛ]

salão (m) de cabeleireiro	kirpykla̍ (m)	[kʲɪrpʲiːk'lʲa]
agência (f) dos correios	pãštas (v)	['pa:ʃtas]
lavanderia (f)	valykla̍ (m)	[valʲi:k'la]
estúdio (m) fotográfico	fotoateljė̃ (v)	[fotoate'lʲjeː]

sapataria (f)	ãvalynės parduotùvė (m)	['a:valʲi:nʲeːs pardʊɑ'tʊvʲeː]
livraria (f)	knygýnas (v)	[knʲiː'gʲiːnas]
loja (f) de artigos esportivos	spòrtinių prēkių parduotùvė (m)	['sportʲɪnʲu: 'prʲækʲu: pardʊɑ'tʊvʲeː]

costureira (m)	drabùžių taisykla̍ (m)	[dra'bʊʒʲu: tʌɪsʲiːk'lʲa]
aluguel (m) de roupa	drabùžių núoma (m)	[dra'bʊʒʲu: 'nʊɑma]
videolocadora (f)	fìlmų núoma (m)	['fʲɪlʲmu: 'nʊɑma]

circo (m)	cìrkas (v)	['tsʲɪrkas]
jardim (m) zoológico	zoològijos sõdas (v)	[zoo'lʲogʲɪjos 'soːdas]
cinema (m)	kìno teãtras (v)	['kʲɪnɔ tʲɛ'aːtras]
museu (m)	muziẽjus (v)	[mʊ'zʲɛjʊs]

biblioteca (f)	bibliotekà (m)	[bʲɪblʲɪjɔtʲɛ'ka]
teatro (m)	teàtras (v)	[tʲɛ'a:tras]
ópera (f)	òpera (m)	['opʲɛra]
boate (casa noturna)	naktìnis klùbas (v)	[nak'tʲɪnʲɪs 'klʲʊbas]
cassino (m)	kazinò (v)	[kazʲɪ'no]

mesquita (f)	mečètè (m)	[mʲɛ'tʂɛtʲe:]
sinagoga (f)	sinagogà (m)	[sʲɪnago'ga]
catedral (f)	kàtedra (m)	['ka:tʲɛdra]
templo (m)	šventyklà (m)	[ʃvʲɛntʲi:k'lʲa]
igreja (f)	bažnýčia (m)	[baʒ'nʲi:tʂʲæ]

faculdade (f)	institùtas (v)	[ɪnstʲɪ'tʊtas]
universidade (f)	universitètas (v)	[unʲɪvʲɛrsʲɪ'tʲɛtas]
escola (f)	mokyklà (m)	[mokʲi:k'lʲa]

prefeitura (f)	prefektūrà (m)	[prʲɛfʲɛk'tu:'ra]
câmara (f) municipal	savivaldýbè (m)	[savʲɪvalʲ'dʲi:bʲe:]
hotel (m)	viēšbutis (v)	['vʲɛʃbʊtʲɪs]
banco (m)	bànkas (v)	['baŋkas]

embaixada (f)	ambasadà (m)	[ambasa'da]
agência (f) de viagens	turìzmo agentūrà (m)	[tʊ'rʲɪzmɔ agʲɛntu:'ra]
agência (f) de informações	informàcijos biùras (v)	[ɪnfor'ma:tsʲɪjos 'bʲʊras]
casa (f) de câmbio	keityklà (m)	[kʲɛɪtʲi:k'lʲa]

metrô (m)	metrò	[mʲɛ'tro]
hospital (m)	ligòninè (m)	[lʲɪ'gonʲɪnʲe:]

posto (m) de gasolina	degalìnè (m)	[dʲɛga'lʲɪnʲe:]
parque (m) de estacionamento	stovéjimo aikštèlè (m)	[sto'vʲɛjɪmɔ ʌɪkʃ'tʲælʲe:]

30. Sinais

letreiro (m)	iškaba (m)	['ɪʃkaba]
aviso (m)	užrašas (v)	['ʊʒraʃas]
cartaz, pôster (m)	plakàtas (v)	[plʲa'ka:tas]
placa (f) de direção	núoroda (m)	['nʊaroda]
seta (f)	rodýklè (m)	[ro'dʲi:klʲe:]

aviso (advertência)	pérspėjimas (v)	['pʲɛrspʲe:jimas]
sinal (m) de aviso	įspėjìmas (v)	[i:spʲe:'jɪmas]
avisar, advertir (vt)	įspéti	[i:s'pʲe:tʲɪ]

dia (m) de folga	išeiginè dienà (m)	[ɪʃɛɪ'gʲɪnʲe: dʲiɛ'na]
horário (~ dos trens, etc.)	tvarkàraštis (v)	[tvar'ka:raʃtʲɪs]
horário (m)	dárbo valandòs (m dgs)	['darbɔ valʲan'do:s]

BEM-VINDOS!	SVEIKÌ ATVÝKĘ!	[svʲɛɪ'kʲɪ at'vʲi:kʲɛ:!]
ENTRADA	ĮĖJÌMAS	[i:'ɛ:'jɪmas]
SAÍDA	IŠĖJÌMAS	[ɪʃe:'jɪmas]

EMPURRE	STÙMTI	['stʊmtʲɪ]
PUXE	TRÁUKTI	['traʊktʲɪ]

| ABERTO | ATIDARÝTA | [atᵻɪda'rⁱi:ta] |
| FECHADO | UŽDARÝTA | [ʊȝda'rⁱi:ta] |

| MULHER | MÓTERIMS | ['motⁱɛrⁱɪms] |
| HOMEM | VÝRAMS | ['vⁱi:rams] |

DESCONTOS	NÚOLAIDOS	['nʊalⁱʌɪdos]
SALDOS, PROMOÇÃO	IŠPARDAVÌMAS	[ɪʃparda'vⁱᵻmas]
NOVIDADE!	NAUJÍENA!	[nɑʊ'jiɛna!]
GRÁTIS	NEMÓKAMAI	[nⁱɛ'mokamʌɪ]

ATENÇÃO!	DĚMESIO!	['dⁱe:mesⁱɔ!]
NÃO HÁ VAGAS	VIĚTŲ NĚRA	['vⁱɛtu: 'nⁱe:ra]
RESERVADO	REZERVÚOTA	[rⁱɛzⁱɛr'vʊɑta]

ADMINISTRAÇÃO	ADMINISTRĂCIJA	[admⁱɪnⁱɪs'tratsⁱɪja]
SOMENTE PESSOAL	TÌK PERSONĂLUI	['tⁱɪk pⁱɛrso'nalⁱʊi]
AUTORIZADO		

CUIDADO CÃO FEROZ	PIKTAS ŠUO	['pⁱɪktas 'ʃʊa]
PROIBIDO FUMAR!	RŪKÝTI DRAŪDŽIAMA	[ru:'kⁱi:tⁱɪ 'drɑʊdȝⁱæma]
NÃO TOCAR	NELIĚSTI!	[nⁱɛ'lⁱɛstⁱɪ!]

PERIGOSO	PAVOJÌNGA	[pavo'jɪnga]
PERIGO	PAVÓJUS	[pa'vo:jʊs]
ALTA TENSÃO	AUKŠTÀ ĮTAMPA	[ɑʊkʃ'ta 'i:tampa]
PROIBIDO NADAR	MÁUDYTIS DRAŪDŽIAMA	['mɑʊdⁱi:tⁱɪs 'drɑʊdȝⁱæma]
COM DEFEITO	NEVEÎKIA	[nⁱɛ'vⁱɛɪkⁱɛ]

INFLAMÁVEL	DEGÙ	[dⁱɛ'gʊ]
PROIBIDO	DRAŪDŽIAMA	['drɑʊdȝⁱæma]
ENTRADA PROIBIDA	PRAĖJÌMAS	[prae:'jɪmas
	DRAŪDŽIAMAS	'drɑʊdȝⁱæmas]
CUIDADO TINTA FRESCA	NUDAŽYTA	[nʊda'ȝⁱi:ta]

31. Compras

comprar (vt)	pìrkti	['pⁱɪrktⁱɪ]
compra (f)	pirkinỹs (v)	[pⁱɪrkⁱɪ'nⁱi:s]
fazer compras	apsipìrkti	[apsⁱɪ'pⁱɪrktⁱɪ]
compras (f pl)	apsipirkìmas (v)	[apsⁱɪpⁱɪr'kⁱɪmas]

| estar aberta (loja) | veìkti | ['vⁱɛɪktⁱɪ] |
| estar fechada | užsidarýti | [ʊȝsⁱɪda'rⁱi:tⁱɪ] |

calçado (m)	ãvalynė (m)	['a:valⁱi:nⁱe:]
roupa (f)	drabùžiai (v)	[dra'bʊȝⁱɛɪ]
cosméticos (m pl)	kosmètika (m)	[kɔs'mⁱɛtⁱɪka]
alimentos (m pl)	prodùktai (v)	[pro'dʊktʌɪ]
presente (m)	dovanà (m)	[dova'na]

vendedor (m)	pardavéjas (v)	[parda'vⁱe:jas]
vendedora (f)	pardavéja (m)	[parda'vⁱe:ja]
caixa (f)	kasà (m)	[ka'sa]

espelho (m)	véidrodis (v)	['vʲɛɪdrodʲɪs]
balcão (m)	prekýstalis (v)	[prʲɛ'kʲiːstalʲɪs]
provador (m)	matãvimosi kabinà (m)	[ma'taːvʲɪmosʲɪ kabʲɪ'na]

provar (vt)	matúoti	[ma'tʊatʲɪ]
servir (roupa, caber)	tìkti	['tʲɪktʲɪ]
gostar (apreciar)	patìkti	[pa'tʲɪktʲɪ]

preço (m)	kaína (m)	['kʌɪna]
etiqueta (f) de preço	kainýnas (v)	[kʌɪ'nʲiːnas]
custar (vt)	kainúoti	[kʌɪ'nʊatʲɪ]
Quanto?	Kíek?	['kʲiɛk?]
desconto (m)	núolaida (m)	['nʊalʲʌɪda]

não caro (adj)	nebrangùs	[nʲɛbran'gʊs]
barato (adj)	pigùs	[pʲɪ'gʊs]
caro (adj)	brangùs	[bran'gʊs]
É caro	Taĩ brangù.	['tʌɪ bran'gʊ]

aluguel (m)	núoma (m)	['nʊama]
alugar (roupas, etc.)	išsinúomoti	[ɪʃsʲɪ'nʊamotʲɪ]
crédito (m)	kredìtas (v)	[krʲɛ'dʲɪtas]
a crédito	kreditù	[krʲɛdʲɪ'tʊ]

VESTUÁRIO & ACESSÓRIOS

32. Roupa exterior. Casacos

roupa (f)	apranga (m)	[apran'ga]
roupa (f) exterior	viršutiniai drabužiai (v dgs)	[vʲɪrʃu'tʲɪnʲɛɪ dra'buʒʲɛɪ]
roupa (f) de inverno	žieminiai drabužiai (v)	[ʒʲiɛ'mʲɪnʲɛɪ dra'buʒʲɛɪ]
sobretudo (m)	páltas (v)	['palʲtas]
casaco (m) de pele	kailiniai (v dgs)	[kʌɪlʲɪ'nʲɛɪ]
jaqueta (f) de pele	puskailiniai (v)	['puskʌɪlʲɪnʲɛɪ]
casaco (m) acolchoado	pūkinė (m)	[pu:'kʲɪnʲe:]
casaco (m), jaqueta (f)	striukė (m)	['strʲukʲe:]
impermeável (m)	apsiaũstas (v)	[ap'sʲɛustas]
a prova d'água	nepéršlampamas	[nʲɛ'pʲɛrʃlʲampamas]

33. Vestuário de homem & mulher

camisa (f)	marškiniai (v dgs)	[marʃkʲɪ'nʲɛɪ]
calça (f)	kélnės (m dgs)	['kʲɛlʲnʲe:s]
jeans (m)	džinsai (v dgs)	['dʒɪnsʌɪ]
paletó, terno (m)	švarkas (v)	['ʃvarkas]
terno (m)	kostiumas (v)	[kɔs'tʲumas]
vestido (ex. ~ de noiva)	suknelė (m)	[suk'nʲælʲe:]
saia (f)	sijonas (v)	[sʲɪ'jo:nas]
blusa (f)	palaidinė (m)	[palʲʌɪ'dʲɪnʲe:]
casaco (m) de malha	susegamas megztinis (v)	['susʲɛgamas mʲɛgz'tʲɪnʲɪs]
casaco, blazer (m)	žaketas, švarkelis (v)	[ʒa'kʲɛtas], [ʃvar'kʲælʲɪs]
camiseta (f)	futbolininko marškiniai (v)	['futbolʲɪnʲɪŋkɔ marʃkʲɪ'nʲɛɪ]
short (m)	šórtai (v dgs)	['ʃortʌɪ]
training (m)	sportinis kostiumas (v)	['sportʲɪnʲɪs kɔs'tʲumas]
roupão (m) de banho	chalãtas (v)	[xa'lʲa:tas]
pijama (m)	pižama (m)	[pʲɪʒa'ma]
suéter (m)	nertinis (v)	[nʲɛr'tʲɪnʲɪs]
pulôver (m)	megztinis (v)	[mʲɛgz'tʲɪnʲɪs]
colete (m)	liemenė (m)	[lʲiɛ'mʲænʲe:]
fraque (m)	frãkas (v)	['fra:kas]
smoking (m)	smokingas (v)	['smokʲɪngas]
uniforme (m)	uniforma (m)	[unʲɪ'forma]
roupa (f) de trabalho	dárbo drabužiai (v)	['darbo dra'buʒʲɛɪ]
macacão (m)	kombinezonas (v)	[kɔmbʲɪnʲɛ'zonas]
jaleco (m), bata (f)	chalãtas (v)	[xa'lʲa:tas]

34. Vestuário. Roupa interior

roupa (f) íntima	baltiniai (v dgs)	[balʲtʲɪ'nʲɛɪ]
camiseta (f)	apatiniai marškinėliai (v dgs)	[apa'tʲɪnʲɛɪ marʃkʲɪ'nʲe:lʲɛɪ]
meias (f pl)	kójinės (m dgs)	['ko:jɪnʲe:s]

camisola (f)	naktiniai marškiniai (v dgs)	[nak'tʲɪnʲɛɪ marʃkʲɪ'nʲɛɪ]
sutiã (m)	liemenėlė (m)	[lʲiɛme'nʲe:lʲe:]
meias longas (f pl)	gólfai (v)	['golʲfʌɪ]
meias-calças (f pl)	pédkelnės (m dgs)	['pʲe:dkʲɛlʲnʲe:s]
meias (~ de nylon)	kójinės (m dgs)	['ko:jɪnʲe:s]
maiô (m)	máudymosi kostiumėlis (v)	['mɑʊdʲi:mosʲɪ kostʲʊ'mʲe:lʲɪs]

35. Adereços de cabeça

chapéu (m), touca (f)	kepùrė (m)	[kʲɛ'pʊrʲe:]
chapéu (m) de feltro	skrybėlė (m)	[skrʲi:bʲe:'lʲe:]
boné (m) de beisebol	beisbolo lazdà (m)	['bʲɛɪsbolʲɔ lʲaz'da]
boina (~ italiana)	kepùrė (m)	[kʲɛ'pʊrʲe:]

boina (ex. ~ basca)	berètė (m)	[bʲɛ'rʲɛtʲe:]
capuz (m)	gobtùvas (v)	[gop'tʊvas]
chapéu panamá (m)	panamà (m)	[pana'ma]
touca (f)	megztà kepuraítė (m)	[mʲɛgz'ta kepʊ'rʌɪtʲe:]

lenço (m)	skarà (m), skarėlė (m)	[ska'ra], [ska'rʲælʲe:]
chapéu (m) feminino	skrybėlaítė (m)	[skrʲi:bʲe:'lʲʌɪtʲe:]

capacete (m) de proteção	šálmas (v)	['ʃalʲmas]
bibico (m)	pilòtė (m)	[pʲɪ'lʲotʲe:]
capacete (m)	šálmas (v)	['ʃalʲmas]

chapéu-coco (m)	katiliùkas (v)	[katʲɪ'lʲiʊkas]
cartola (f)	cilìndras (v)	[tsʲɪ'lʲiɪndras]

36. Calçado

calçado (m)	ãvalynė (m)	['a:valʲi:nʲe:]
botinas (f pl), sapatos (m pl)	bãtai (v)	['ba:tʌɪ]
sapatos (de salto alto, etc.)	batėliai (v)	[ba'tʲælʲɛɪ]
botas (f pl)	aulìniai bãtai (v)	[ɑʊ'lʲɪnʲɛɪ 'ba:tʌɪ]
pantufas (f pl)	šlepẽtės (m dgs)	[ʃlʲɛ'pʲætʲe:s]

tênis (~ Nike, etc.)	spòrtbačiai (v dgs)	['sportbatʂʲɛɪ]
tênis (~ Converse)	spòrtbačiai (v dgs)	['sportbatʂʲɛɪ]
sandálias (f pl)	sandãlai (v dgs)	[san'da:lʲʌɪ]

sapateiro (m)	batsiuvỹs (v)	[batsʲʊ'vʲi:s]
salto (m)	kulnas (v)	['kʊlⁿnas]
par (m)	porà (m)	[po'ra]
cadarço (m)	bãtraištis (v)	['ba:trʌɪʃtʲɪs]

amarrar os cadarços	várstyti	['varstʲiːtʲɪ]
calçadeira (f)	šáukštas (v)	['ʃaukʃtas]
graxa (f) para calçado	ãvalynės krèmas (v)	['aːvalʲiːnʲeːs 'krʲɛmas]

37. Acessórios pessoais

luva (f)	pírštinės (m dgs)	['pʲɪrʃtʲɪnʲeːs]
mitenes (f pl)	kùmštinės (m dgs)	['kumʃtʲɪnʲeːs]
cachecol (m)	šãlikas (v)	['ʃaːlʲɪkas]

óculos (m pl)	akiniaì (dgs)	[akʲɪ'nʲɛɪ]
armação (f)	rėmēliai (v dgs)	[rʲeː'mʲælʲɛɪ]
guarda-chuva (m)	skėtis (v)	['skʲeːtʲɪs]
bengala (f)	lazdėlė (m)	[laz'dʲælʲeː]
escova (f) para o cabelo	plaukų šepetỹs (v)	[plʲau'kuː ʃɛpʲɛ'tʲiːs]
leque (m)	véduõklė (m)	[vʲeː'duɑklʲeː]

gravata (f)	kaklãraištis (v)	[kak'lʲaːrʌɪʃtʲɪs]
gravata-borboleta (f)	petelìškė (m)	[pʲɛtʲɛ'lʲɪʃkʲeː]
suspensórios (m pl)	pètnešos (m dgs)	['pʲætnʲɛʃos]
lenço (m)	nósinė (m)	['nosʲɪnʲeː]

pente (m)	šùkos (m dgs)	['ʃukos]
fivela (f) para cabelo	segtùkas (v)	[sʲɛk'tukas]
grampo (m)	plaukų segtùkas (v)	[plʲau'kuː sʲɛk'tukas]
fivela (f)	sagtìs (m)	[sak'tʲɪs]

| cinto (m) | dìřžas (v) | ['dʲɪrʒas] |
| alça (f) de ombro | dìřžas (v) | ['dʲɪrʒas] |

bolsa (f)	rankinùkas (v)	[raŋkʲɪ'nukas]
bolsa (feminina)	rankinùkas (v)	[raŋkʲɪ'nukas]
mochila (f)	kuprìnė (m)	[ku'prʲɪnʲeː]

38. Vestuário. Diversos

moda (f)	madà (m)	[ma'da]
na moda (adj)	madìngas	[ma'dʲɪngas]
estilista (m)	modeliúotojas (v)	[modʲɛ'lʲʊɑtoːjɛs]

colarinho (m)	apýkaklė (m)	[a'pʲiːkaklʲeː]
bolso (m)	kišėnė (m)	[kʲɪ'ʃænʲeː]
de bolso	kišenìnis	[kʲɪʃɛ'nʲɪnʲɪs]
manga (f)	rankóvė (m)	[raŋ'kovʲeː]
ganchinho (m)	pakabà (m)	[paka'ba]
bragueta (f)	klỹnas (v)	['klʲiːnas]

zíper (m)	užtrauktùkas (v)	[ʊʒtrauk'tukas]
colchete (m)	užsegìmas (v)	[ʊʒsʲɛ'gʲɪmas]
botão (m)	sagà (v)	[sa'ga]
botoeira (casa de botão)	kìlpa (m)	['kʲɪlʲpa]
soltar-se (vr)	atplýšti	[at'plʲiːʃtʲɪ]

costurar (vi)	siū́ti	['sʲuːtʲɪ]
bordar (vt)	siuvinéti	[sʲʊvʲɪ'nʲeːtʲɪ]
bordado (m)	siuvinéjimas (v)	[sʲʊvʲɪ'nʲɛjɪmas]
agulha (f)	ā́data (m)	['aːdata]
fio, linha (f)	siū́las (v)	['sʲuːlʲas]
costura (f)	siū́lé (m)	['sʲuːlʲeː]

sujar-se (vr)	issitèpti	[ɪʃsʲɪ'tʲɛptʲɪ]
mancha (f)	démē̃ (m)	[dʲe:'mʲe:]
amarrotar-se (vr)	susiglámžyti	[sʊsʲɪ'glʲa mʒʲiːtʲɪ]
rasgar (vt)	supléšyti	[sʊp'lʲeːʃɪːtʲɪ]
traça (f)	kandis (v)	['kandʲɪs]

39. Cuidados pessoais. Cosméticos

pasta (f) de dente	dantų̃ pastà (m)	[dan'tu: pas'ta]
escova (f) de dente	dantų̃ šepetélis (v)	[dan'tu: ʃepe'tʲe:lʲɪs]
escovar os dentes	valýti dantìs	[va'lʲiːtʲɪ dan'tʲɪs]

gilete (f)	skustùvas (v)	[skʊ'stʊvas]
creme (m) de barbear	skutìmosi krėmas (v)	[skʊ'tʲɪmosʲɪ 'krʲɛmas]
barbear-se (vr)	skùstis	['skʊstʲɪs]

| sabonete (m) | muĩlas (v) | ['mʊɪlʲas] |
| xampu (m) | šampū́nas (v) | [ʃam'puːnas] |

tesoura (f)	žìrklės (m dgs)	['ʒɪrklʲeːs]
lixa (f) de unhas	dìldė (m) nagáms	['dʲɪlʲdʲe: na'gams]
corta-unhas (m)	gnybtùkai (v)	[gnʲiːp'tʊkʌɪ]
pinça (f)	pincètas (v)	[pʲɪn'tsʲɛtas]

cosméticos (m pl)	kosmètika (m)	[kɔs'mʲɛtʲɪka]
máscara (f)	kaūkė (m)	['kaʊkʲe:]
manicure (f)	manikiū́ras (v)	[manʲɪ'kʲuːras]
fazer as unhas	darýti manikiū́rą	[da'rʲiːtʲɪ manʲɪ'kʲuːraː]
pedicure (f)	pedikiū́ras (v)	[pʲɛdʲɪ'kʲuːras]

bolsa (f) de maquiagem	kosmètinė (m)	[kɔs'mʲɛtʲɪnʲe:]
pó (de arroz)	pudrà (m)	[pʊd'ra]
pó (m) compacto	pùdrinė (m)	['pʊdrʲɪnʲe:]
blush (m)	skaistalaĩ (v dgs)	[skʌɪsta'lʲaĩ]

perfume (m)	kvepalaĩ (v dgs)	[kvʲɛpa'lʲaĩ]
água-de-colônia (f)	tualètinis vanduõ (v)	[tʊa'lʲɛtʲɪnʲɪs van'dʊɑ]
loção (f)	losjònas (v)	[lʲo'sjo nas]
colônia (f)	odekolònas (v)	[odʲɛko'lʲonas]

sombra (f) de olhos	vokų̃ šešéliai (v)	[vo'ku: ʃe'ʃʲe:lʲɛɪ]
delineador (m)	akių̃ pieštùkas (v)	[a'kʲu: pʲɪɛʃ'tʊkas]
máscara (f), rímel (m)	tùšas (v)	['tʊʃas]

batom (m)	lū́pų dažaĩ (v)	['lʲuːpu: da'ʒʌɪ]
esmalte (m)	nagų̃ lãkas (v)	[na'gu: 'lʲaːkas]
laquê (m), spray fixador (m)	plaukų̃ lãkas (v)	[plʲaʊ'ku: 'lʲaːkas]

desodorante (m)	dezodorántas (v)	[dʲɛzodoˈrantas]
creme (m)	krèmas (v)	[ˈkrʲɛmas]
creme (m) de rosto	véido krèmas (v)	[ˈvʲɛɪdɔ ˈkrʲɛmas]
creme (m) de mãos	rañkų krèmas (v)	[ˈraŋku: ˈkrʲɛmas]
creme (m) antirrugas	krèmas (v) nuõ raukšlių̃	[ˈkrʲɛmas nʊɑ rɑʊkʃlʲlʲu:]
creme (m) de dia	dienìnis krèmas (v)	[dʲiɛˈnʲɪnʲɪs ˈkrʲɛmas]
creme (m) de noite	naktìnis krèmas (v)	[nakˈtʲɪnʲɪs ˈkrʲɛmas]
de dia	dienìnis	[dʲiɛˈnʲɪnʲɪs]
da noite	naktìnis	[nakˈtʲɪnʲɪs]

absorvente (m) interno	tampònas (v)	[tamˈponas]
papel (m) higiênico	tualètinis põpierius (v)	[tʊaˈlʲɛtʲɪnʲɪs ˈpo:pʲiɛrʲʊs]
secador (m) de cabelo	fènas (v)	[ˈfʲɛnas]

40. Relógios de pulso. Relógios

relógio (m) de pulso	laĩkrodis (v)	[ˈlʲʌɪkrodʲɪs]
mostrador (m)	ciferblãtas (v)	[tsʲɪfʲɛrˈblʲa:tas]
ponteiro (m)	rodỹklė (m)	[roˈdʲi:klʲe:]
bracelete (em aço)	apýrankė (m)	[aˈpʲi:raŋkʲe:]
bracelete (em couro)	diržèlis (v)	[dʲɪrˈʒʲælʲɪs]

pilha (f)	elemeñtas (v)	[ɛlʲɛˈmʲɛntas]
acabar (vi)	išsikráuti	[ɪʃsʲɪˈkrɑʊtʲɪ]
trocar a pilha	pakeìsti elemeñtą	[paˈkʲɛɪstʲɪ ɛlʲɛˈmʲɛnta:]
estar adiantado	skubéti	[skʊˈbʲe:tʲɪ]
estar atrasado	atsilìkti	[atsʲɪˈlʲɪktʲɪ]

relógio (m) de parede	síeninis laĩkrodis (v)	[ˈsʲiɛnʲɪnʲɪs ˈlʲʌɪkrodʲɪs]
ampulheta (f)	smėlio laĩkrodis (v)	[ˈsmʲe:lʲɔ ˈlʌɪkrodʲɪs]
relógio (m) de sol	sáulės laĩkrodis (v)	[ˈsɑʊlʲe:s ˈlʌɪkrodʲɪs]
despertador (m)	žadintùvas (v)	[ʒadʲɪnˈtʊvas]
relojoeiro (m)	laĩkrodininkas (v)	[ˈlʲʌɪkrodʲɪnʲɪŋkas]
reparar (vt)	taisýti	[tʌɪˈsʲi:tʲɪ]

EXPERIÊNCIA DO QUOTIDIANO

41. Dinheiro

dinheiro (m)	pinigaĩ (v)	[pʲɪnʲɪ'gʌɪ]
câmbio (m)	keitìmas (v)	[kʲɛɪ'tʲɪmas]
taxa (f) de câmbio	kùrsas (v)	['kursas]
caixa (m) eletrônico	bankomãtas (v)	[baŋko'ma:tas]
moeda (f)	monetà (m)	[monʲɛ'ta]
dólar (m)	dóleris (v)	['dolʲɛrʲɪs]
euro (m)	eũras (v)	['ɛũras]
lira (f)	lirà (m)	[lʲɪ'ra]
marco (m)	márkė (m)	['markʲe:]
franco (m)	fránkas (v)	['fraŋkas]
libra (f) esterlina	svãras (v)	['sva:ras]
iene (m)	jenà (m)	[jɛ'na]
dívida (f)	skolà (m)	[sko'lʲa]
devedor (m)	skólininkas (v)	['sko:lʲɪnʲɪŋkas]
emprestar (vt)	dúoti į̃ skõlą	['dʊatʲɪ i: 'sko:lʲa:]
pedir emprestado	im̃ti į̃ skõlą	['ɪmtʲɪ i: 'sko:lʲa:]
banco (m)	bánkas (v)	['baŋkas]
conta (f)	sąskaita (m)	['sa:skʌɪta]
depositar na conta	dė́ti į̃ sąskaitą̃	['dʲe:tʲɪ i: 'sa:skʌɪta:]
sacar (vt)	im̃ti iš sąskaitos	['ɪmtʲɪ ɪʃ 'sa:skʌɪtos]
cartão (m) de crédito	kredìtinė kortėlė̃ (m)	[krʲɛ'dʲɪtʲɪnʲe: kor'tʲælʲe:]
dinheiro (m) vivo	grynéji pinigaĩ (v)	[grʲi:'nʲi̯ɛjɪ pʲɪnʲɪ'gʌɪ]
cheque (m)	čẽkis (v)	['tʂʲɛkʲɪs]
passar um cheque	išrašýti čẽkį	[ɪʃra'ʃʲɪtʲɪ 'tʂʲɛkʲɪ:]
talão (m) de cheques	čẽkių knygėlė̃ (m)	['tʂʲɛkʲu: knʲi:'gʲælʲe:]
carteira (f)	piniginė̃ (m)	[pʲɪnʲɪ'gʲɪnʲe:]
niqueleira (f)	piniginė̃ (m)	[pʲɪnʲɪ'gʲɪnʲe:]
cofre (m)	seĩfas (v)	['sʲɛɪfas]
herdeiro (m)	paveldė́tojas (v)	[pavelʲ'dʲe:to:jɛs]
herança (f)	palikìmas (v)	[palʲɪ'kʲɪmas]
fortuna (riqueza)	tùrtas (v)	['turtas]
arrendamento (m)	núoma (m)	['nʊama]
aluguel (pagar o ~)	bùto mókestis (v)	['bʊtɔ 'mokʲɛstʲɪs]
alugar (vt)	núomotis	['nʊamotʲɪs]
preço (m)	káina (m)	['kʌɪna]
custo (m)	káina (m)	['kʌɪna]
soma (f)	sumà (m)	[sʊ'ma]

gastar (vt)	léisti	['lʲɛɪstʲɪ]
gastos (m pl)	sąnaudos (m dgs)	['saːnɑʊdos]
economizar (vi)	taupýti	[tɑʊ'pʲiːtʲɪ]
econômico (adj)	taupùs	[tɑʊ'pʊs]

pagar (vt)	mokéti	[mo'kʲeːtʲɪ]
pagamento (m)	apmokéjimas (v)	[apmo'kʲɛjɪmas]
troco (m)	grąžà (m)	[gra:'ʒa]

imposto (m)	mókestis (v)	['mokʲɛstʲɪs]
multa (f)	baudà (m)	[bɑʊ'da]
multar (vt)	baũsti	['bɑʊstʲɪ]

42. Correios. Serviço postal

agência (f) dos correios	pãštas (v)	['paːʃtas]
correio (m)	pãštas (v)	['paːʃtas]
carteiro (m)	pãštininkas (v)	['paːʃtʲɪnʲɪŋkas]
horário (m)	dárbo valandõs (m dgs)	['darbɔ valʲan'doːs]

carta (f)	laĩškas (v)	['lʲʌɪʃkas]
carta (f) registada	užsakýtas laĩškas (v)	[ʊʒsa'kʲiːtas 'lʲʌɪʃkas]
cartão (m) postal	atvirùtė (v)	[atvʲɪ'rʊtʲeː]
telegrama (m)	telegramà (m)	[tʲɛlʲɛgra'ma]
encomenda (f)	siuntinỹs (v)	[sʲʊntʲɪ'nʲiːs]
transferência (f) de dinheiro	piniginis pavedìmas (v)	[pʲɪnʲɪ'gʲɪnʲɪs pavʲɛ'dʲɪmas]

receber (vt)	gáuti	['gɑʊtʲɪ]
enviar (vt)	išsiũsti	[ɪʃsʲuːstʲɪ]
envio (m)	išsiuntìmas (v)	[ɪʃsʲʊn'tʲɪmas]

endereço (m)	ãdresas (v)	['aːdrɛsas]
código (m) postal	iñdeksas (v)	['ɪndʲɛksas]
remetente (m)	siuntéjas (v)	[sʲʊn'tʲeːjas]
destinatário (m)	gavéjas (v)	[ga'vʲeːjas]

nome (m)	vãrdas (v)	['vardas]
sobrenome (m)	pavardě (m)	[pavar'dʲeː]

tarifa (f)	tarìfas (v)	[ta'rʲɪfas]
ordinário (adj)	įprastas	['iːprastas]
econômico (adj)	taupùs	[tɑʊ'pʊs]

peso (m)	svõris (v)	['svoːrʲɪs]
pesar (estabelecer o peso)	sver̃ti	['svʲɛrtʲɪ]
envelope (m)	võkas (v)	['voːkas]
selo (m) postal	markùtė (m)	[mar'kʊtʲeː]

43. Banca

banco (m)	bánkas (v)	['baŋkas]
balcão (f)	skýrius (v)	['skʲiːrʲʊs]

consultor (m) bancário	konsultántas (v)	[kɔnsuᵖ'tantas]
gerente (m)	valdýtojas (v)	[valᵖdⁱi:to:jɛs]
conta (f)	sáskaita (m)	['sa:skʌɪta]
número (m) da conta	sáskaitos nùmeris (v)	['sa:skʌɪtos 'numⁱɛrⁱɪs]
conta (f) corrente	einamóji sáskaita (m)	[ɛɪna'mo:jɪ 'sa:skʌɪta]
conta (f) poupança	kaupiamóji sáskaita (m)	[kɑupⁱæ'mo:jɪ 'sa:skʌɪta]
abrir uma conta	atidarýti sáskaitą	[atⁱɪda'rⁱi:tⁱɪ 'sa:skʌɪta:]
fechar uma conta	uždarýti sáskaitą	[ʊʒda'rⁱi:tⁱɪ 'sa:skʌɪta:]
depositar na conta	padéti į sáskaitą	[pa'dⁱe:tⁱɪ i: 'sa:skʌɪta:]
sacar (vt)	paimti iš sáskaitos	['pʌɪmtⁱɪ ɪʃ 'sa:skʌɪtos]
depósito (m)	iňdėlis (v)	['ɪndⁱe:ᵖɪs]
fazer um depósito	įnešti iňdėlį	[i:'nⁱɛʃtⁱɪ 'ɪndⁱe:ᵖɪ:]
transferência (f) bancária	pavedìmas (v)	[pavⁱɛ'dⁱɪmas]
transferir (vt)	atlìkti pavedìmą	[at'ᵖɪktⁱɪ pavⁱɛ'dⁱɪma:]
soma (f)	sumà (m)	[sʊ'ma]
Quanto?	Kíek?	['kⁱiɛk?]
assinatura (f)	párašas (v)	['pa:raʃas]
assinar (vt)	pasirašýti	[pasⁱɪra'ʃɪ:tⁱɪ]
cartão (m) de crédito	kreditinė kortėlė (m)	[krⁱɛ'dⁱɪtⁱɪnⁱe: kor'tⁱæᵖe:]
senha (f)	kòdas (v)	['kodas]
número (m) do cartão de crédito	kreditinės kortėlės numeris (v)	[krⁱɛ'dⁱɪtⁱɪnⁱe:s kor'tⁱæᵖe:s 'numerⁱɪs]
caixa (m) eletrônico	bankomãtas (v)	[baŋko'ma:tas]
cheque (m)	kvìtas (v)	['kvⁱɪtas]
passar um cheque	išrašýti kvìtą	[ɪʃra'ʃɪ:tⁱɪ 'kvⁱɪta:]
talão (m) de cheques	čekių knygėlė (m)	['tʂⁱɛkⁱu: knⁱi:'gⁱæᵖe:]
empréstimo (m)	kredìtas (v)	[krⁱɛ'dⁱɪtas]
pedir um empréstimo	kreĩptis dėl kredìto	['krⁱɛɪptⁱɪs dⁱe:ᵖ krⁱɛ'dⁱɪtɔ]
obter empréstimo	imti kredìtą	['ɪmtⁱɪ krⁱɛ'dⁱɪta:]
dar um empréstimo	suteĩkti kredìtą	[sʊ'tⁱɛɪktⁱɪ krⁱɛ'dⁱɪta:]
garantia (f)	garántija (m)	[ga'rantⁱɪjɛ]

44. Telefone. Conversação telefônica

telefone (m)	telefònas (v)	[tⁱɛlⁱɛ'fonas]
celular (m)	mobilùsis telefònas (v)	[mobⁱɪ'lʊsⁱɪs tⁱɛlⁱɛ'fonas]
secretária (f) eletrônica	autoatsakìklis (v)	[ɑutoatsa'kⁱɪkⁱɪs]
fazer uma chamada	skambìnti	['skambⁱɪntⁱɪ]
chamada (f)	skambùtis (v)	[skam'bʊtⁱɪs]
discar um número	suriñkti nùmerį	[sʊ'rⁱɪŋktⁱɪ 'numⁱɛrⁱɪ:]
Alô!	Aliõ!	[a'ᵖⁱo!]
perguntar (vt)	pakláusti	[pak'ᵖⁱɑustⁱɪ]
responder (vt)	atsakýti	[atsa'kⁱi:tⁱɪ]
ouvir (vt)	girdéti	[gⁱɪr'dⁱe:tⁱɪ]

bem	**geraĩ**	[gʲɛ'rʌɪ]
mal	**prastaĩ**	[pras'tʌɪ]
ruído (m)	**trukdžiaĩ** (v dgs)	[trʊk'dʒʲɛɪ]
fone (m)	**ragēlis** (v)	[ra'gʲælʲɪs]
pegar o telefone	**pakélti ragēlį**	[pa'kʲɛlʲtʲɪ ra'gʲælʲɪ:]
desligar (vi)	**padéti ragēlį**	[pa'dʲe:tʲɪ ra'gʲælʲɪ:]
ocupado (adj)	**užimtas**	['ʊʒʲɪmtas]
tocar (vi)	**skambéti**	[skam'bʲe:tʲɪ]
lista (f) telefônica	**telefònų knygà** (m)	[tʲɛlʲɛ'fonu: knʲi:'ga]
local (adj)	**vietinis**	['vʲiɛtʲɪnʲɪs]
chamada (f) local	**vietinis skambùtis** (v)	['vʲiɛtʲɪnʲɪs skam'bʊtʲɪs]
de longa distância	**tarpmiestìnis**	[tarpmʲiɛs'tʲɪnʲɪs]
chamada (f) de longa distância	**tarpmiestìnis skambùtis** (v)	[tarpmʲiɛs'tʲɪnʲɪs skam'bʊtʲɪs]
internacional (adj)	**tarptautìnis**	[tarptɑʊ'tʲɪnʲɪs]
chamada (f) internacional	**tarptautìnis skambùtis** (v)	[tarptɑʊ'tʲɪnʲɪs skam'bʊtʲɪs]

45. Telefone móvel

celular (m)	**mobilùsis telefònas** (v)	[mobʲɪ'lʊsʲɪs tʲɛlʲɛ'fonas]
tela (f)	**ekrãnas** (v)	[ɛk'ra:nas]
botão (m)	**mygtùkas** (v)	[mʲi:k'tʊkas]
cartão SIM (m)	**SIM-kortēlė** (m)	[sʲɪm-kor'tʲælʲe:]
bateria (f)	**akumuliãtorius** (v)	[akʊmʊ'lʲætorʲʊs]
descarregar-se (vr)	**išsikráuti**	[ɪʃsʲɪ'krɑʊtʲɪ]
carregador (m)	**įkrovìklis** (v)	[i:kro'vʲɪ:klʲɪs]
menu (m)	**valgiãraštis** (v)	[valʲ'gʲæraʃtʲɪs]
configurações (f pl)	**nustãtymai** (v dgs)	[nʊ'sta:tʲi:mʌɪ]
melodia (f)	**melòdija** (m)	[mʲɛ'lʲodʲɪjɛ]
escolher (vt)	**pasirìnkti**	[pasʲɪ'rʲɪŋktʲɪ]
calculadora (f)	**skaičiuotùvas** (v)	[skʌɪtʃʲʊo'tʊvas]
correio (m) de voz	**balso pãštas** (v)	['balʲsɔ 'pa:ʃtas]
despertador (m)	**žadintùvas** (v)	[ʒadʲɪn'tʊvas]
contatos (m pl)	**telefònų knygà** (m)	[tʲɛlʲɛ'fonu: knʲi:'ga]
mensagem (f) de texto	**SMS žinùtė** (m)	[ɛsɛ'mɛs ʒʲɪnʊtʲe:]
assinante (m)	**abonentas** (v)	[abo'nʲɛntas]

46. Estacionário

caneta (f)	**automãtinis šratinùkas** (v)	[ɑʊto'ma:tʲɪnʲɪs ʃratʲɪ'nʊkas]
caneta (f) tinteiro	**plunksnãkotis** (v)	[plʲʊŋk'sna:kotʲɪs]
lápis (m)	**pieštùkas** (v)	[pʲiɛʃ'tʊkas]
marcador (m) de texto	**žymēklis** (v)	[ʒʲi:'mʲæklʲɪs]
caneta (f) hidrográfica	**flomãsteris** (v)	[flʲo'ma:stʲɛrʲɪs]

| bloco (m) de notas | bloknotas (v) | [bⁱok'notas] |
| agenda (f) | dienoraštis (v) | [dⁱɛ'noraʃtⁱɪs] |

régua (f)	liniuõtė (m)	[lⁱɪ'nⁱʊo:tⁱe:]
calculadora (f)	skaičiuotùvas (v)	[skʌɪtʂⁱʊo'tʊvas]
borracha (f)	trintùkas (v)	[trⁱɪn'tʊkas]
alfinete (m)	smeigtùkas (v)	[smⁱɛɪk'tʊkas]
clipe (m)	sąvaržėlė (m)	[sa:var'ʒⁱe:lⁱe:]

cola (f)	klijaĩ (v dgs)	[klⁱɪ'jʌɪ]
grampeador (m)	segìklis (v)	[sⁱɛ'gⁱɪklⁱɪs]
furador (m) de papel	skylāmušis (v)	[skⁱi:'lⁱa:muʃɪs]
apontador (m)	drožtùkas (v)	[droʒ'tʊkas]

47. Línguas estrangeiras

língua (f)	kalbà (m)	[kalⁱ'ba]
estrangeiro (adj)	užsienio	['ʊʒsⁱiɛnⁱɔ]
língua (f) estrangeira	užsienio kalbà (m)	['ʊʒsⁱiɛnⁱɔ kalⁱba]
estudar (vt)	studijúoti	[stʊdⁱɪ'jʊɑtⁱɪ]
aprender (vt)	mókytis	['mokⁱi:tⁱɪs]

ler (vt)	skaitýti	[skʌɪ'tⁱi:tⁱɪ]
falar (vi)	kalbéti	[kalⁱ'bⁱe:tⁱɪ]
entender (vt)	supràsti	[sʊp'rastⁱɪ]
escrever (vt)	rašýti	[ra'ʃi:tⁱɪ]

rapidamente	greĩtai	['grⁱɛɪtʌɪ]
devagar, lentamente	lėtaĩ	[lⁱe:'tʌɪ]
fluentemente	laisvaĩ	[lⁱʌɪs'vʌɪ]

regras (f pl)	taisýklės (m dgs)	[tʌɪ'sⁱi:klⁱe:s]
gramática (f)	gramãtika (m)	[gra'ma:tⁱɪka]
vocabulário (m)	lèksika (m)	['lⁱɛksⁱɪka]
fonética (f)	fonètika (m)	[fo'nⁱɛtⁱɪka]

livro (m) didático	vadovėlis (v)	[vado'vⁱe:lⁱɪs]
dicionário (m)	žodýnas (v)	[ʒo'dⁱi:nas]
manual (m) autodidático	savìmokos vadovėlis (v)	[sa'vⁱɪmokos vado'vⁱe:lⁱɪs]
guia (m) de conversação	pasikalbéjimų knygėlė (m)	[pasⁱɪkalⁱ'bⁱɛjɪmu: knⁱi:'gⁱælⁱe:]

fita (f) cassete	kasètė (m)	[ka'sⁱɛtⁱe:]
videoteipe (m)	vaizdãjuostė (m)	[vʌɪz'da:jʊɑstⁱe:]
CD (m)	kompãktinis dìskas (v)	[kɔm'pa:ktⁱɪnⁱɪs 'dⁱɪskas]
DVD (m)	DVD diskàs (v)	[dⁱɪvⁱɪ'dⁱɪ dⁱɪs'kas]

alfabeto (m)	abėcėlė (m)	[abⁱe:'tsⁱe:lⁱe:]
soletrar (vt)	sakýti paraidžiuĩ	[sa'kⁱi:tⁱɪ parʌɪ'dʒⁱʊɪ]
pronúncia (f)	tarìmas (v)	[ta'rⁱɪmas]

sotaque (m)	akceñtas (v)	[ak'tsⁱɛntas]
com sotaque	sù akcentù	['sʊ aktsⁱɛn'tʊ]
sem sotaque	bè akceñto	['bⁱɛ ak'tsⁱɛntɔ]
palavra (f)	žõdis (v)	['ʒo:dⁱɪs]

sentido (m)	prasmė (m)	[pras'mʲe:]
curso (m)	kùrsai (v dgs)	['kʊrsʌɪ]
inscrever-se (vr)	užsirašýti	[ʊʒsʲɪra'ʃɪːtʲɪ]
professor (m)	déstytojas (v)	['dʲe:stʲiːto:jɛs]
tradução (processo)	vertìmas (v)	[vʲɛr'tʲɪmas]
tradução (texto)	vertìmas (v)	[vʲɛr'tʲɪmas]
tradutor (m)	vertéjas (v)	[vʲɛr'tʲe:jas]
intérprete (m)	vertéjas (v)	[vʲɛr'tʲe:jas]
poliglota (m)	poliglòtas (v)	[polʲɪ'glotas]
memória (f)	atmintìs (m)	[atmʲɪn'tʲɪs]

REFEIÇÕES. RESTAURANTE

48. Por a mesa

colher (f)	šáukštas (v)	[ˈʃɑukʃtas]
faca (f)	peĩlis (v)	[ˈpʲɛɪlʲɪs]
garfo (m)	šakutė (m)	[ʃaˈkutʲeː]
xícara (f)	puodukas (v)	[puɑˈdukas]
prato (m)	lėkštė̃ (m)	[lʲeːkʃˈtʲeː]
pires (m)	lėkštẽlė (m)	[lʲeːkʃˈtʲælʲeː]
guardanapo (m)	servetėlė (m)	[sʲɛrveˈtʲeːlʲeː]
palito (m)	dantų̃ krapštukas (v)	[danˈtu: krapʃˈtukas]

49. Restaurante

restaurante (m)	restorãnas (v)	[rʲɛstoˈra:nas]
cafeteria (f)	kavìnė (m)	[kaˈvʲɪnʲe:]
bar (m), cervejaria (f)	bãras (v)	[ˈba:ras]
salão (m) de chá	arbãtos salònas (v)	[arˈba:tos saˈlʲonas]
garçom (m)	padavė́jas (v)	[padaˈvʲe:jas]
garçonete (f)	padavė́ja (m)	[padaˈvʲe:ja]
barman (m)	bármenas (v)	[ˈbarmʲɛnas]
cardápio (m)	meniù (v)	[mʲɛˈnʲʊ]
lista (f) de vinhos	vỹnų žemélapis (v)	[ˈvʲɪ:nu: ʒeˈmʲe:lʲapʲɪs]
reservar uma mesa	rezervúoti staliùką	[rʲɛzʲɛrˈvuatʲɪ staˈlʲʊka:]
prato (m)	pãtiekalas (v)	[ˈpa:tʲɪɛkalʲas]
pedir (vt)	užsisakýti	[ʊʒsʲɪsakʲiːtʲɪ]
fazer o pedido	padarýti užsãkymą	[padaˈrʲiːtʲɪ ʊʒˈsa:kʲiːma:]
aperitivo (m)	aperitỹvas (v)	[apʲɛrʲɪˈtʲiːvas]
entrada (f)	užkandis (v)	[ˈʊʒkandʲɪs]
sobremesa (f)	desèrtas (v)	[dʲɛˈsʲɛrtas]
conta (f)	są́skaita (m)	[ˈsa:skʌɪta]
pagar a conta	apmokéti są́skaitą	[apmoˈkʲe:tʲɪ ˈsa:skʌɪta:]
dar o troco	dúoti grąžõs	[ˈduatʲɪ gra:ˈʒo:s]
gorjeta (f)	arbãtpinigiai (v dgs)	[arˈba:tpʲɪnʲɪgʲɛɪ]

50. Refeições

comida (f)	valgis (v)	[ˈvalʲgʲɪs]
comer (vt)	valgyti	[ˈvalʲgʲiːtʲɪ]

café (m) da manhã	pùsryčiai (v dgs)	['pʊsrʲiːtʃʲɛɪ]
tomar café da manhã	pùsryčiauti	['pʊsrʲiːtʃʲɛʊtʲɪ]
almoço (m)	piẽtūs (v)	['pʲɛ'tuːs]
almoçar (vi)	pietáuti	[pʲiɛ'tɑʊtʲɪ]
jantar (m)	vakariẽnė (m)	[vaka'rʲɛnʲeː]
jantar (vi)	vakarieniáuti	[vakarʲiɛ'nʲæʊtʲɪ]

apetite (m)	apetìtas (v)	[apʲɛ'tʲɪtas]
Bom apetite!	Gẽro apetìto!	['gʲærɔ apʲɛ'tʲɪtɔ!]

abrir (~ uma lata, etc.)	atidarýti	[atʲɪda'rʲiːtʲɪ]
derramar (~ líquido)	išpìlti	[ɪʃpʲɪlʲtʲɪ]
derramar-se (vr)	išsipìlti	[ɪʃsʲɪ'pʲɪlʲtʲɪ]

ferver (vi)	vìrti	['vʲɪrtʲɪ]
ferver (vt)	vìrinti	['vʲɪrʲɪntʲɪ]
fervido (adj)	vìrintas	['vʲɪrʲɪntas]
esfriar (vt)	atvėsìnti	[atvʲe:'sʲɪntʲɪ]
esfriar-se (vr)	vėsìnti	[vʲe:'sʲɪntʲɪ]

sabor, gosto (m)	skõnis (v)	['sko:nʲɪs]
fim (m) de boca	príeskonis (v)	['prʲiɛskonʲɪs]

emagrecer (vi)	laikýti diẽtos	[lʲʌɪ'kʲiːtʲɪ 'dʲɛtos]
dieta (f)	dietà (m)	[dʲiɛ'ta]
vitamina (f)	vitamìnas (v)	[vʲɪta'mʲɪnas]
caloria (f)	kalòrija (m)	[ka'lʲorʲɪjɛ]
vegetariano (m)	vegetãras (v)	[vʲɛgʲɛ'ta:ras]
vegetariano (adj)	vegetãriškas	[vʲɛgʲɛ'ta:rʲʃkas]

gorduras (f pl)	riebalaĩ (v dgs)	[rʲiɛba'lʲʌɪ]
proteínas (f pl)	baltymaĩ (v dgs)	[balʲtʲiː'mʌɪ]
carboidratos (m pl)	angliãvandeniai (v dgs)	[an'glʲævandʲɛnʲɛɪ]
fatia (~ de limão, etc.)	griežinỹs (v)	[grʲiɛʒʲɪ'nʲiːs]
pedaço (~ de bolo)	gãbalas (v)	['ga:balʲas]
migalha (f), farelo (m)	trupinỹs (v)	[trʊpʲɪ'nʲiːs]

51. Pratos cozinhados

prato (m)	pãtiekalas (v)	['pa:tʲiɛkalʲas]
cozinha (~ portuguesa)	virtùvė (m)	[vʲɪr'tʊvʲe:]
receita (f)	recèptas (v)	[rʲɛ'tsʲɛptas]
porção (f)	pòrcija (m)	['portsʲɪjɛ]

salada (f)	salõtos (m)	[sa'lʲoːtos]
sopa (f)	sriubà (m)	[srʲʊ'ba]

caldo (m)	sultinỹs (v)	[sʊlʲtʲɪ'nʲiːs]
sanduíche (m)	sumuštìnis (v)	[sʊmʊʃ'tʲɪnʲɪs]
ovos (m pl) fritos	kiaušiniẽnė (m)	[kʲɛʊʃʲɪ'nʲɛnʲe:]

hambúrguer (m)	mėsaĩnis (v)	[mʲe:'sʌɪnʲɪs]
bife (m)	bifštèksas (v)	[bʲɪfʃtʲɛksas]
acompanhamento (m)	garnỹras (v)	[gar'nʲiːras]

espaguete (m)	spagečiai (v dgs)	[spa'gʲɛtʂʲɛɪ]
purê (m) de batata	bulvių košė (m)	['buⁱʲvʲu: 'ko:ʃe:]
pizza (f)	pica (m)	[pʲɪ'tsa]
mingau (m)	košė (m)	['ko:ʃe:]
omelete (f)	omletas (v)	[om'lʲɛtas]

fervido (adj)	virtas	['vʲɪrtas]
defumado (adj)	rūkýtas	[ru:'kʲi:tas]
frito (adj)	kẽptas	['kʲæptas]
seco (adj)	džiovìntas	[dʒʲo'vʲɪntas]
congelado (adj)	šáldytas	['ʃalʲdʲi:tas]
em conserva (adj)	marinúotas	[marʲɪ'nuɑtas]

doce (adj)	saldùs	[salʲ'dʊs]
salgado (adj)	sūrùs	[su:'rʊs]
frio (adj)	šáltas	['ʃalʲtas]
quente (adj)	kárštas	['karʃtas]
amargo (adj)	kartùs	[kar'tʊs]
gostoso (adj)	skanùs	[ska'nʊs]

cozinhar em água fervente	virti	['vʲɪrtʲɪ]
preparar (vt)	gamìnti	[ga'mʲɪntʲɪ]
fritar (vt)	kèpti	['kʲɛptʲɪ]
aquecer (vt)	pašìldyti	[pa'ʃʲɪlʲdʲi:tʲɪ]

salgar (vt)	sū́dyti	['su:dʲi:tʲɪ]
apimentar (vt)	įbérti pipìrų	[i:'bʲɛrtʲɪ pʲɪ'pʲɪ:ru:]
ralar (vt)	tarkúoti	[tar'kuɑtʲɪ]
casca (f)	lúoba (m)	['lʲuɑba]
descascar (vt)	lùpti bùlves	['lʊptʲɪ 'bulʲvʲɛs]

52. Comida

carne (f)	mėsà (m)	[mʲe:'sa]
galinha (f)	vištà (m)	[vʲɪʃ'ta]
frango (m)	viščiùkas (v)	[vʲɪʃ'tʂʲʊkas]
pato (m)	ántis (m)	['antʲɪs]
ganso (m)	žą̃sinas (v)	['ʒa:sʲɪnas]
caça (f)	žvėríena (m)	[ʒvʲe:'rʲiɛna]
peru (m)	kalakutíena (m)	[kalʲakʊ'tʲiɛna]

carne (f) de porco	kiaulíena (m)	[kʲɛʊ'lʲiɛna]
carne (f) de vitela	veršíena (m)	[vʲɛr'ʃʲiɛna]
carne (f) de carneiro	avíena (m)	[a'vʲiɛna]
carne (f) de vaca	jáutiena (m)	['jɑutʲiɛna]
carne (f) de coelho	triùšis (v)	['trʲuʃʲɪs]

linguiça (f), salsichão (m)	dešrà (m)	[dʲɛʃ'ra]
salsicha (f)	dešrẽlė (m)	[dʲɛʃʲrʲæːlʲe:]
bacon (m)	bekònas (v)	[bʲɛ'konas]
presunto (m)	kumpis (v)	['kumpʲɪs]
pernil (m) de porco	kumpis (v)	['kumpʲɪs]
patê (m)	paštetas (v)	[paʃ'tʲɛtas]
fígado (m)	kẽpenys (m dgs)	[kʲɛpe'nʲi:s]

guisado (m)	fáršas (v)	['farʃas]
língua (f)	liežùvis (v)	[lʲiɛ'ʒʊvʲɪs]
ovo (m)	kiaušìnis (v)	[kʲɛʊ'ʃɪnʲɪs]
ovos (m pl)	kiaušìniai (v dgs)	[kʲɛʊ'ʃɪnʲɛɪ]
clara (f) de ovo	báltymas (v)	['balʲtʲi:mas]
gema (f) de ovo	trynỹs (v)	[trʲi:'nʲi:s]
peixe (m)	žuvìs (m)	[ʒʊ'vʲɪs]
mariscos (m pl)	jū́ros gérybės (m dgs)	['ju:ros gʲe:'rʲi:bʲe:s]
crustáceos (m pl)	vėžiãgyviai (v dgs)	[vʲe:'ʒʲægʲi:vʲɛɪ]
caviar (m)	ìkrai (v dgs)	['ɪkrʌɪ]
caranguejo (m)	krãbas (v)	['kra:bas]
camarão (m)	krevetė̃ (m)	[krʲɛ'vʲɛtʲe:]
ostra (f)	áustrė (m)	['austrʲe:]
lagosta (f)	langùstas (v)	[lʲan'gʊstas]
polvo (m)	aštuonkõjis (v)	[aʃtʊɑŋ'ko:jis]
lula (f)	kalmãras (v)	[kalʲma:ras]
esturjão (m)	eršketíena (m)	[ɛrʃkʲɛ'tʲiɛna]
salmão (m)	lašišà (m)	[lʲaʃɪ'ʃa]
halibute (m)	õtas (v)	['o:tas]
bacalhau (m)	ménkė (m)	['mʲɛŋkʲe:]
cavala, sarda (f)	skùmbrė (m)	['skʊmbrʲe:]
atum (m)	tùnas (v)	['tʊnas]
enguia (f)	ungurỹs (v)	[ʊngʊ'rʲi:s]
truta (f)	upétakis (v)	[ʊ'pʲe:takʲɪs]
sardinha (f)	sardinė̃ (m)	[sar'dʲɪnʲe:]
lúcio (m)	lydekà (m)	[lʲi:dʲɛ'ka]
arenque (m)	sìlkė (m)	['sʲɪlʲkʲe:]
pão (m)	dúona (m)	['dʊɑna]
queijo (m)	sū́ris (v)	['su:rʲɪs]
açúcar (m)	cùkrus (v)	['tsʊkrʊs]
sal (m)	druskà (m)	[drʊs'ka]
arroz (m)	rỹžiai (v)	['rʲi:ʒʲɛɪ]
massas (f pl)	makarõnai (v dgs)	[maka'ro:nʌɪ]
talharim, miojo (m)	lãkštiniai (v dgs)	['lʲa:kʃtʲɪnʲɛɪ]
manteiga (f)	svíestas (v)	['svʲiɛstas]
óleo (m) vegetal	augalìnis aliẽjus (v)	[augalʲɪnʲɪs a'lʲɛjʊs]
óleo (m) de girassol	saulégrąžų aliẽjus (v)	[sɑʊ'lʲe:gra:ʒu: a'lʲɛjʊs]
margarina (f)	margarìnas (v)	[marga'rʲɪnas]
azeitonas (f pl)	alỹvuogės (m dgs)	[a'lʲi:vʊɑgʲe:s]
azeite (m)	alỹvuogių aliẽjus (v)	[a'lʲi:vʊɑgʲu: a'lʲɛjʊs]
leite (m)	píenas (v)	['pʲiɛnas]
leite (m) condensado	sutírštintas píenas (v)	[sʊ'tʲɪrʃtʲɪntas 'pʲiɛnas]
iogurte (m)	jogùrtas (v)	[jɔ'gʊrtas]
creme (m) azedo	grietìnė (m)	[grʲiɛ'tʲɪnʲe:]
creme (m) de leite	grietinė̃lė (m)	[grʲiɛtʲɪ'nʲe:lʲe:]

| maionese (f) | majonezas (v) | [majo'nʲɛzas] |
| creme (m) | kremas (v) | ['krʲɛmas] |

grãos (m pl) de cereais	kruopos (m dgs)	['kruɑpos]
farinha (f)	miltai (v dgs)	['mʲɪlʲtʌɪ]
enlatados (m pl)	konservai (v dgs)	[kɔn'sʲɛrvʌɪ]

flocos (m pl) de milho	kukurūzų dribsniai (v dgs)	[kʊkʊ'ru:zu: 'drʲɪbsnʲɛɪ]
mel (m)	medùs (v)	[mʲɛ'dʊs]
geleia (m)	džemas (v)	['dʒʲɛmas]
chiclete (m)	kramtomoji gumà (m)	[kramto'mojɪ gʊ'ma]

53. Bebidas

água (f)	vanduõ (v)	[van'dʊɑ]
água (f) potável	geriamas vanduõ (v)	['gʲæɾʲæmas van'dʊɑ]
água (f) mineral	mineralinis vanduõ (v)	[mʲɪnʲɛ'ra:lʲɪnʲɪs van'dʊɑ]

sem gás (adj)	be gazo	['bʲɛ 'ga:zɔ]
gaseificada (adj)	gazuotas	[ga'zuɑtas]
com gás	gazuotas	[ga'zuɑtas]
gelo (m)	ledas (v)	['lʲædas]
com gelo	su ledais	['sʊ lʲɛ'dʌɪs]

não alcoólico (adj)	nealkoholonis	[nʲɛalʲko'ɣolonʲɪs]
refrigerante (m)	nealkoholonis gerimas (v)	[nʲɛalʲko'ɣolonʲɪs 'gʲe:rʲɪmas]
refresco (m)	gaivusis gerimas (v)	[gʌɪ'vʊsʲɪs 'gʲe:rʲɪmas]
limonada (f)	limonadas (v)	[lʲɪmo'na:das]

bebidas (f pl) alcoólicas	alkoholiniai gerimai (v dgs)	[alʲko'ɣolʲɪnʲɛɪ 'gʲe:rʲɪmʌɪ]
vinho (m)	vynas (v)	['vʲi:nas]
vinho (m) branco	baltas vynas (v)	['balʲtas 'vʲi:nas]
vinho (m) tinto	raudonas vynas (v)	[rɑʊ'donas 'vʲi:nas]

licor (m)	likeris (v)	['lʲɪkʲɛɾʲɪs]
champanhe (m)	šampanas (v)	[ʃam'pa:nas]
vermute (m)	vermutas (v)	['vʲɛrmʊtas]

uísque (m)	viskis (v)	['vʲɪskʲɪs]
vodca (f)	degtinė (m)	[dʲɛk'tʲɪnʲe:]
gim (m)	džinas (v)	['dʒʲɪnas]
conhaque (m)	konjakas (v)	[kɔn'ja:kas]
rum (m)	romas (v)	['romas]

café (m)	kava (m)	[ka'va]
café (m) preto	juoda kava (m)	[jʊɑ'da ka'va]
café (m) com leite	kava su pienu (m)	[ka'va 'sʊ 'pʲɪɛnʊ]
cappuccino (m)	kapučino kava (m)	[kapu'tʂɪnɔ ka'va]
café (m) solúvel	tirpi kava (m)	[tʲɪr'pʲɪ ka'va]

leite (m)	pienas (v)	['pʲɪɛnas]
coquetel (m)	kokteilis (v)	[kɔk'tʲɛɪlʲɪs]
batida (f), milkshake (m)	pieniškas kokteilis (v)	['pʲɪɛnʲɪʃkas kok'tʲɛɪlʲɪs]
suco (m)	sultys (m dgs)	['sʊlʲtʲi:s]

suco (m) de tomate	pomidorų sultys (m dgs)	[pomⁱr'doru: 'suⁱltⁱi:s]
suco (m) de laranja	apelsinų sultys (m dgs)	[apⁱɛlⁱsⁱɪnu: 'suⁱltⁱi:s]
suco (m) fresco	šviežiai spaustos sultys (m dgs)	[ʃvⁱiɛ'ʒⁱɛɪ 'spɑustos 'suⁱltⁱi:s]

cerveja (f)	alus (v)	[a'lⁱus]
cerveja (f) clara	šviesus alus (v)	[ʃvⁱiɛ'sus a'lⁱus]
cerveja (f) preta	tamsus alus (v)	[tam'sus a'lⁱus]

chá (m)	arbata (m)	[arba'ta]
chá (m) preto	juoda arbata (m)	[jʊɑ'da arba'ta]
chá (m) verde	žalia arbata (m)	[ʒa'lⁱæ arba'ta]

54. Vegetais

vegetais (m pl)	daržovės (m dgs)	[dar'ʒovⁱe:s]
verdura (f)	žalumýnai (v)	[ʒalⁱʊ'mⁱi:nʌɪ]

tomate (m)	pomidoras (v)	[pomⁱr'doras]
pepino (m)	agurkas (v)	[a'gurkas]
cenoura (f)	morka (m)	[mor'ka]
batata (f)	bulvė (m)	['bulⁱvⁱe:]
cebola (f)	svogūnas (v)	[svo'gu:nas]
alho (m)	česnakas (v)	[tʃⁱɛs'na:kas]

couve (f)	kopūstas (v)	[kɔ'pu:stas]
couve-flor (f)	kalafioras (v)	[kalⁱa'fⁱoras]
couve-de-bruxelas (f)	briuselio kopūstas (v)	['brⁱusⁱɛlⁱɔ ko'pu:stas]
brócolis (m pl)	brokolių kopūstas (v)	['brokolⁱu: ko'pu:stas]

beterraba (f)	runkelis, burokas (v)	['rʊŋkⁱɛlⁱɪs], [bʊ'ro:kas]
berinjela (f)	baklažanas (v)	[baklⁱa'ʒa:nas]
abobrinha (f)	agurotis (v)	[agʊ'ro:tⁱɪs]

abóbora (f)	ropė (m)	['ropⁱe:]
nabo (m)	moliūgas (v)	[mo'lⁱu:gas]

salsa (f)	petražolė (m)	[pⁱɛ'tra:ʒolⁱe:]
endro, aneto (m)	krapas (v)	['kra:pas]
alface (f)	salota (m)	[sa'lⁱo:ta]
aipo (m)	saliéras (v)	[sa'lⁱɛras]

aspargo (m)	smidras (v)	['smⁱɪdras]
espinafre (m)	špinatas (v)	[ʃpⁱɪ'na:tas]

ervilha (f)	žirniai (v dgs)	['ʒⁱɪrnⁱɛɪ]
feijão (~ soja, etc.)	pupos (m dgs)	['pʊpos]

milho (m)	kukurūzas (v)	[kʊkʊ'ru:zas]
feijão (m) roxo	pupėlės (m dgs)	[pʊ'pⁱælⁱe:s]

pimentão (m)	pipiras (v)	[pⁱɪ'pⁱɪras]
rabanete (m)	ridikas (v)	[rⁱɪ'dⁱɪkas]
alcachofra (f)	artišokas (v)	[artⁱɪ'ʃokas]

55. Frutos. Nozes

fruta (f)	vaìsius (v)	['vʌɪsⁱʊs]
maçã (f)	obuolỹs (v)	[obʊɑ'lⁱi:s]
pera (f)	kriáušė (m)	['krⁱæʊʃe:]
limão (m)	citrinà (m)	[tsⁱɪtrⁱɪ'na]
laranja (f)	apelsìnas (v)	[apⁱɛlⁱ'sⁱɪnas]
morango (m)	brãškė (m)	['bra:ʃkⁱe:]
tangerina (f)	mandarìnas (v)	[manda'rⁱɪnas]
ameixa (f)	slyvà (m)	[slⁱi:'va]
pêssego (m)	pèrsikas (v)	['pⁱɛrsⁱɪkas]
damasco (m)	abrikòsas (v)	[abrⁱɪ'kosas]
framboesa (f)	aviẽtė (m)	[a'vⁱɛtⁱe:]
abacaxi (m)	ananãsas (v)	[ana'na:sas]
banana (f)	banãnas (v)	[ba'na:nas]
melancia (f)	arbũzas (v)	[ar'bu:zas]
uva (f)	vỹnuogės (m dgs)	['vⁱi:nʊɑgⁱe:s]
ginja (f)	vyšnia (m)	[vⁱi:ʃnⁱæ]
cereja (f)	trẽšnė (m)	['trⁱæʃnⁱe:]
melão (m)	meliònas (v)	[mⁱɛ'lⁱonas]
toranja (f)	greìpfrutas (v)	['grⁱɛɪpfrʊtas]
abacate (m)	avokàdas (v)	[avo'kadas]
mamão (m)	papája (m)	[pa'pa ja]
manga (f)	màngo (v)	['mangɔ]
romã (f)	granãtas (v)	[gra'na:tas]
groselha (f) vermelha	raudoníeji serbeñtai (v dgs)	[raʊdo'nⁱɛji sⁱɛr'bⁱɛntʌɪ]
groselha (f) negra	juodíeji serbeñtai (v dgs)	[jʊɑ'dⁱiɛji sⁱɛr'bⁱɛntʌɪ]
groselha (f) espinhosa	agrãstas (v)	[ag'ra:stas]
mirtilo (m)	mėlýnės (m dgs)	[mⁱe:'lⁱi:nⁱe:s]
amora (f) silvestre	gérvuogės (m dgs)	['gⁱɛrvʊɑgⁱe:s]
passa (f)	razìnos (m dgs)	[ra'zⁱɪnos]
figo (m)	figà (m)	[fⁱɪ'ga]
tâmara (f)	datùlė (m)	[da'tʊlⁱe:]
amendoim (m)	žẽmės riešutaì (v)	['ʒⁱæmⁱe:s rⁱiɛʃʊ'tʌɪ]
amêndoa (f)	migdõlas (v)	[mⁱɪg'do:lⁱas]
noz (f)	graìkinis ríešutas (v)	['grʌɪkⁱɪnⁱɪs 'rⁱiɛʃutas]
avelã (f)	ríešutas (v)	['rⁱiɛʃutas]
coco (m)	kòkoso ríešutas (v)	['kokosɔ 'rⁱiɛʃutas]
pistaches (m pl)	pistãcijos (m dgs)	[pⁱɪs'ta:tsⁱɪjɔs]

56. Pão. Bolaria

pastelaria (f)	konditèrijos gaminiaì (v)	[kɔndⁱɪ'tⁱɛrⁱɪjos gamⁱɪ'nⁱɛɪ]
pão (m)	dúona (m)	['dʊɑna]
biscoito (m), bolacha (f)	sausaìniai (v)	[saʊ'sʌɪnⁱɛɪ]
chocolate (m)	šokolãdas (v)	[ʃoko'lⁱa:das]
de chocolate	šokolãdinis	[ʃoko'lⁱa:dⁱɪnⁱɪs]

bala (f)	saldaĩnis (v)	[salⁱ'dʌⁱɪnⁱɪs]
doce (bolo pequeno)	pyragáitis (v)	[pⁱi:ra'gʌɪtⁱɪs]
bolo (m) de aniversário	tòrtas (v)	['tortas]

| torta (f) | pyrãgas (v) | [pⁱi:'ra:gas] |
| recheio (m) | įdaras (v) | ['i:daras] |

geleia (m)	uogiẽnė (m)	[uɑ'gⁱɛnⁱe:]
marmelada (f)	marmelãdas (v)	[marmⁱɛ'lⁱa:das]
wafers (m pl)	vãfliai (v dgs)	['va:flⁱɛɪ]
sorvete (m)	ledaĩ (v dgs)	[lⁱɛ'dʌɪ]
pudim (m)	pùdingas (v)	['pudⁱɪngas]

57. Especiarias

sal (m)	druskà (m)	[drus'ka]
salgado (adj)	sūrùs	[su:'rus]
salgar (vt)	sū́dyti	['su:dⁱi:tⁱɪ]

pimenta-do-reino (f)	juodíeji pipìrai (v)	[juɑ'dⁱiɛjɪ pⁱɪ'pⁱɪrʌɪ]
pimenta (f) vermelha	raudoníeji pipìrai (v)	[rɑudo'nⁱiɛjɪ pⁱɪ'pⁱɪrʌɪ]
mostarda (f)	garstýčios (v)	[gar'stⁱi:tsⁱos]
raiz-forte (f)	krienaĩ (v dgs)	[krⁱiɛ'nʌɪ]

condimento (m)	príeskonis (v)	['prⁱiɛskonⁱɪs]
especiaria (f)	príeskonis (v)	['prⁱiɛskonⁱɪs]
molho (~ inglês)	pãdažas (v)	['pa:daʒas]
vinagre (m)	ãctas (v)	['a:tstas]

anis estrelado (m)	anýžius (v)	[a'nⁱi:ʒⁱus]
manjericão (m)	bazìlikas (v)	[ba'zⁱɪlⁱɪkas]
cravo (m)	gvazdìkas (v)	[gvaz'dⁱɪkas]
gengibre (m)	imbieras (v)	['ɪmbⁱiɛras]
coentro (m)	kaléndra (m)	[ka'lⁱɛndra]
canela (f)	cinamònas (v)	[tsⁱɪna'monas]

gergelim (m)	sezãmas (v)	[sⁱɛ'za:mas]
folha (f) de louro	láuro lãpas (v)	['lⁱɑurɔ 'lⁱa:pas]
páprica (f)	pãprika (m)	['pa:prⁱɪka]
cominho (m)	kmỹnai (v)	['kmⁱi:nʌɪ]
açafrão (m)	šafrãnas (v)	[ʃafra:nas]

INFORMAÇÃO PESSOAL. FAMÍLIA

58. Informação pessoal. Formulários

nome (m)	vardas (v)	['vardas]
sobrenome (m)	pavardė (m)	[pavar'dʲe:]
data (f) de nascimento	gimìmo data (m)	[gʲɪ'mʲɪmɔ da'ta]
local (m) de nascimento	gimìmo vietà (m)	[gʲɪ'mʲɪmɔ vʲiɛ'ta]
nacionalidade (f)	tautýbė (m)	[tɑu'tʲi:bʲe:]
lugar (m) de residência	gyvėnamoji vietà (m)	[gʲi:vʲæna'mojɪ vʲiɛ'ta]
país (m)	šalìs (m)	[ʃa'lʲɪs]
profissão (f)	profèsija (m)	[profʲɛsʲɪjɛ]
sexo (m)	lýtis (m)	['lʲi:tʲɪs]
estatura (f)	ūgis (v)	['u:gʲɪs]
peso (m)	svõris (v)	['svo:rʲɪs]

59. Membros da família. Parentes

mãe (f)	mótina (m)	['motʲɪna]
pai (m)	tévas (v)	['tʲe:vas]
filho (m)	sūnùs (v)	[su:'nus]
filha (f)	dukrà, duktě (m)	[duk'ra], [duk'tʲe:]
caçula (f)	jaunesnióji duktě (m)	[jɛunes'nʲo:jɪ duk'tʲe:]
caçula (m)	jaunesnÿsis sūnùs (v)	[jɛunʲɛs'nʲi:sʲɪs su:'nus]
filha (f) mais velha	vyresnióji duktě (m)	[vʲi:res'nʲo:jɪ duk'tʲe:]
filho (m) mais velho	vyresnÿsis sūnùs (v)	[vʲi:rʲɛs'nʲi:sʲɪs su:'nus]
irmão (m)	brólis (v)	['brolʲɪs]
irmão (m) mais velho	vyresnÿsis brólis (v)	[vʲi:rʲɛs'nʲi:sʲɪs 'brolʲɪs]
irmão (m) mais novo	jaunesnÿsis brólis (v)	[jɛunʲɛs'nʲi:sʲɪs 'brolʲɪs]
irmã (f)	sesuõ (m)	[sʲɛ'suɑ]
irmã (f) mais velha	vyresnióji sesuõ (m)	[vʲi:rʲɛs'nʲo:jɪ sʲɛ'suɑ]
irmã (f) mais nova	jaunesnióji sesuõ (m)	[jɛunʲɛs'nʲo:jɪ sʲɛ'suɑ]
primo (m)	pùsbrolis (v)	['pusbrolʲɪs]
prima (f)	pùsseserė (m)	['pusseserʲe:]
mamãe (f)	mamà (m)	[ma'ma]
papai (m)	tětis (v)	['tʲe:tʲɪs]
pais (pl)	tévaì (v)	[tʲe:'vʌɪ]
criança (f)	vaĩkas (v)	['vʌɪkas]
crianças (f pl)	vaikaì (v)	[vʌɪ'kʌɪ]
avó (f)	senělė (m)	[sʲɛ'nʲælʲe:]
avô (m)	senělis (v)	[sʲɛ'nʲælʲɪs]
neto (m)	anū̃kas (v)	[a'nu:kas]

neta (f)	anūkė (m)	[a'nu:kʲe:]
netos (pl)	anūkai (v)	[a'nu:kʌɪ]
tio (m)	dėdė (v)	['dʲe:dʲe:]
tia (f)	teta (m)	[tʲɛ'ta]
sobrinho (m)	sūnénas (v)	[su:'nʲe:nas]
sobrinha (f)	dukteréčia (m)	[dʊkte'rʲe:tʂʲæ]
sogra (f)	úošvė (m)	['ʊɑʃvʲe:]
sogro (m)	úošvis (v)	['ʊɑʃvʲɪs]
genro (m)	žéntas (v)	['ʒʲɛntas]
madrasta (f)	pāmotė (m)	['pa:motʲe:]
padrasto (m)	patévis (v)	[pa'tʲe:vʲɪs]
criança (f) de colo	kūdikis (v)	['ku:dʲɪkʲɪs]
bebê (m)	naujāgimis (v)	[nɑʊ'ja:gʲɪmʲɪs]
menino (m)	vaĩkas (v)	['vʌɪkas]
mulher (f)	žmona (m)	[ʒmo'na]
marido (m)	výras (v)	['vʲi:ras]
esposo (m)	sutuoktĩnis (v)	[sʊtʊɑk'tʲɪnʲɪs]
esposa (f)	sutuoktĩnė (m)	[sʊtʊɑk'tʲɪnʲe:]
casado (adj)	vēdęs	['vʲædʲɛ:s]
casada (adj)	ištekéjusi	[ɪʃtʲɛ'kʲe:jʊsʲɪ]
solteiro (adj)	viengungis	[vʲiɛŋ'gʊŋgʲɪs]
solteirão (m)	viengungis (v)	[vʲiɛŋ'gʊŋgʲɪs]
divorciado (adj)	išsiskýręs	[ɪʃsʲɪ'skʲi:rʲɛ:s]
viúva (f)	našlě (m)	[naʃʲlʲe:]
viúvo (m)	našlỹs (v)	[naʃʲlʲi:s]
parente (m)	gimináitis (v)	[gʲɪmʲɪ'nʌɪtʲɪs]
parente (m) próximo	artimas giminaitis (v)	['artʲɪmas gʲɪmʲɪ'nʌɪtʲɪs]
parente (m) distante	tólimas giminaitis (v)	['tolʲɪmas gʲɪmʲɪ'nʌɪtʲɪs]
parentes (m pl)	gìminės (m dgs)	['gʲɪmʲɪnʲe:s]
órfão (m), órfã (f)	našláitis (v)	[naʃʲlʲʌɪtʲɪs]
tutor (m)	globéjas (v)	[glʲo'bʲe:jas]
adotar (um filho)	įsū́nyti	[i:'su:nʲɪ:tʲɪ]
adotar (uma filha)	įdùkrinti	[i:'dʊkrʲɪntʲɪ]

60. Amigos. Colegas de trabalho

amigo (m)	draũgas (v)	['drɑʊgas]
amiga (f)	draugė̃ (m)	[drɑʊ'gʲe:]
amizade (f)	draugýstė (m)	[drɑʊ'gʲi:stʲe:]
ser amigos	draugáuti	[drɑʊ'gɑʊtʲɪ]
amigo (m)	pažį́stamas (v)	[pa'ʒʲɪ:stamas]
amiga (f)	pažį́stama (m)	[paʒʲɪ:sta'ma]
parceiro (m)	pártneris (v)	['partnʲɛrʲɪs]
chefe (m)	šèfas (v)	['ʃɛfas]
superior (m)	vĩršininkas (v)	['vʲɪrʃʲɪnʲɪŋkas]

proprietário (m)	savininkas (v)	[savʲɪ'nʲnʲɪŋkas]
subordinado (m)	pavaldinỹs (v)	[pavalʲdʲɪ'nʲiːs]
colega (m, f)	kolegà (v)	[kɔlʲɛ'ga]

conhecido (m)	pažįstamas (v)	[pa'ʒʲɪːstamas]
companheiro (m) de viagem	pakeleĩvis (v)	[pakʲɛ'lʲɛɪvʲɪs]
colega (m) de classe	klasiõkas (v)	[klʲa'sʲoːkas]

vizinho (m)	kaimýnas (v)	[kʌɪ'mʲiːnas]
vizinha (f)	kaimýnė (m)	[kʌɪ'mʲiːnʲeː]
vizinhos (pl)	kaimýnai (v)	[kʌɪ'mʲiːnʌɪ]

CORPO HUMANO. MEDICINA

61. Cabeça

cabeça (f)	galvà (m)	[galʲˈva]
rosto, cara (f)	véidas (v)	[ˈvʲɛɪdas]
nariz (m)	nósis (m)	[ˈnosʲɪs]
boca (f)	burnà (m)	[bʊrˈna]

olho (m)	akìs (m)	[aˈkʲɪs]
olhos (m pl)	ākys (m dgs)	[ˈaːkʲiːs]
pupila (f)	vyzdỹs (v)	[vʲiːzˈdʲiːs]
sobrancelha (f)	antakis (v)	[ˈantakʲɪs]
cílio (f)	blakstíena (m)	[blʲakˈstʲiɛna]
pálpebra (f)	võkas (v)	[ˈvoːkas]

língua (f)	liežùvis (v)	[lʲiɛˈʒʊvʲɪs]
dente (m)	dantìs (v)	[danˈtʲɪs]
lábios (m pl)	lū̃pos (m dgs)	[ˈlʲuːpos]
maçãs (f pl) do rosto	skruostìkauliai (v dgs)	[skrʊɑˈstʲɪkɑʊlʲɛɪ]
gengiva (f)	dantenõs (m dgs)	[dantʲɛˈnoːs]
palato (m)	gomurỹs (v)	[gomʊˈrʲiːs]

narinas (f pl)	šnérvės (m dgs)	[ˈʃnʲærvʲeːs]
queixo (m)	smãkras (v)	[ˈsmaːkras]
mandíbula (f)	žandìkaulis (v)	[ʒanˈdʲɪkɑʊlʲɪs]
bochecha (f)	skrúostas (v)	[ˈskrʊɑstas]

testa (f)	kaktà (m)	[kakˈta]
têmpora (f)	smilkinỹs (v)	[smʲɪlʲkʲɪrˈnʲiːs]
orelha (f)	ausìs (m)	[ɑʊˈsʲɪs]
costas (f pl) da cabeça	pakáušis, sprándas (v)	[paˈkɑʊʃɪs], [ˈsprandas]
pescoço (m)	kãklas (v)	[ˈkaːklʲas]
garganta (f)	gerklė̃ (m)	[gʲɛrkˈlʲeː]

cabelo (m)	plaukaĩ (v dgs)	[plʲɑʊˈkʌɪ]
penteado (m)	šukúosena (m)	[ʃʊˈkʊɑsʲɛna]
corte (m) de cabelo	kirpìmas (v)	[kʲɪrˈpʲɪmas]
peruca (f)	perùkas (v)	[pʲɛˈrʊkas]

bigode (m)	ū̃sai (v dgs)	[ˈuːsʌɪ]
barba (f)	barzdà (m)	[barzˈda]
ter (~ barba, etc.)	nešióti	[nʲɛˈʃʲotʲɪ]
trança (f)	kasà (m)	[kaˈsa]
suíças (f pl)	žándenos (m dgs)	[ˈʒandʲɛnos]

ruivo (adj)	rùdis	[ˈrʊdʲɪs]
grisalho (adj)	žìlas	[ˈʒʲɪlʲas]
careca (adj)	plìkas	[ˈplʲɪkas]
calva (f)	plìkė (m)	[ˈplʲɪkʲeː]

| rabo-de-cavalo (m) | uodegà (m) | [uadⁱɛ'ga] |
| franja (f) | kírpčiai (v dgs) | ['kⁱɪrptsⁱɛɪ] |

62. Corpo humano

| mão (f) | plāštaka (m) | ['plⁱa:ʃtaka] |
| braço (m) | rankà (m) | [raŋ'ka] |

dedo (m)	pírštas (v)	['pⁱɪrʃtas]
polegar (m)	nykštỹs (v)	[nⁱi:kʃ'tⁱi:s]
dedo (m) mindinho	mažàsis pírštas (v)	[ma'ʒasⁱɪs 'pⁱɪrʃtas]
unha (f)	nāgas (v)	['na:gas]

punho (m)	kùmštis (v)	['kʊmʃtⁱɪs]
palma (f)	delnas (v)	['dⁱɛlⁱnas]
pulso (m)	ríešas (v)	['rⁱiɛʃas]
antebraço (m)	dìlbis (v)	['dⁱɪlⁱbⁱɪs]
cotovelo (m)	alkūnė (m)	[alⁱ"ku:nⁱe:]
ombro (m)	petìs (v)	[pⁱɛ'tⁱɪs]

perna (f)	kója (m)	['koja]
pé (m)	pėdà (m)	[pⁱe:'da]
joelho (m)	kēlias (v)	['kⁱælⁱæs]
panturrilha (f)	blauzdà (m)	[blⁱauz'da]
quadril (m)	šlaunìs (m)	[ʃlⁱaʊ'nⁱɪs]
calcanhar (m)	kulnas (v)	['kʊlⁱnas]

corpo (m)	kūnas (v)	['ku:nas]
barriga (f), ventre (m)	pílvas (v)	['pⁱɪlⁱvas]
peito (m)	krūtìnė (m)	[kru:'tⁱɪnⁱe:]
seio (m)	krūtìs (m)	[kru:'tⁱɪs]
lado (m)	šónas (v)	['ʃonas]
costas (dorso)	nùgara (m)	['nʊgara]
região (f) lombar	juosmuõ (v)	[jʊas'mʊa]
cintura (f)	liemuõ (v)	[lⁱiɛ'mʊa]

umbigo (m)	bámba (m)	['bamba]
nádegas (f pl)	sédmenys (v dgs)	['sⁱe:dmenⁱi:s]
traseiro (m)	pasturgalis, užpakalis (v)	[pas'tʊrgalⁱɪs], ['ʊʒpakalⁱɪs]

sinal (m), pinta (f)	āpgamas (v)	['a:pgamas]
sinal (m) de nascença	āpgamas (v)	['a:pgamas]
tatuagem (f)	tatuiruõtė (m)	[tatʊi'rʊatⁱe:]
cicatriz (f)	rándas (v)	['randas]

63. Doenças

doença (f)	ligà (m)	[lⁱɪ'ga]
estar doente	sírgti	['sⁱɪrktⁱɪ]
saúde (f)	sveikatà (m)	[svⁱɛɪka'ta]
nariz (m) escorrendo	slogà (m)	[slⁱo'ga]
amigdalite (f)	anginà (m)	[angⁱɪ'na]

resfriado (m)	péršalimas (v)	['pʲɛrʃalʲɪmas]
ficar resfriado	péršalti	['pʲɛrʃalʲtʲɪ]

bronquite (f)	bronchìtas (v)	[bron'xʲɪtas]
pneumonia (f)	plaũčių uždegìmas (v)	['plʲɑʊtʂʲu: ʊʒdʲɛ'gʲɪmas]
gripe (f)	grìpas (v)	['grʲɪpas]

míope (adj)	trumparēgis	[trʊmpa'rʲægʲɪs]
presbita (adj)	toliarēgis	[tolʲæ'rʲægʲɪs]
estrabismo (m)	žvairùmas (v)	[ʒvʌɪ'rʊmas]
estrábico, vesgo (adj)	žvaĩras	['ʒvʌɪras]
catarata (f)	kataraktà (m)	[katarak'ta]
glaucoma (m)	glaukomà (m)	[glʲɑʊko'ma]

AVC (m), apoplexia (f)	insùltas (v)	[ɪn'sʊlʲtas]
ataque (m) cardíaco	infárktas (v)	[ɪn'farktas]
enfarte (m) do miocárdio	miokãrda infárktas (v)	[mʲɪjo'karda in'farktas]
paralisia (f)	paralỹžius (v)	[para'lʲi:ʒʲʊs]
paralisar (vt)	paraližúoti	[paralʲɪ'ʒʊatʲɪ]

alergia (f)	alèrgija (m)	[a'lʲɛrgʲɪjɛ]
asma (f)	astmà (m)	[ast'ma]
diabetes (f)	diabètas (v)	[dʲɪja'bʲɛtas]

dor (f) de dente	dantų̃ skaũsmas (v)	[dan'tu: 'skɑʊsmas]
cárie (f)	kãriesas (v)	['ka:rʲɛsas]

diarreia (f)	diaréja (m)	[dʲɪjarʲe:ja]
prisão (f) de ventre	vidurių̃ užkietéjimas (v)	[vʲɪdu'rʲu: ʊʒkʲiɛ'tʲɛjimas]
desarranjo (m) intestinal	skrañdžio sutrikìmas (v)	['skrandzʲo sʊtrʲɪ'kʲɪmas]
intoxicação (f) alimentar	apsinuõdijimas (v)	[apsʲɪ'nʊadʲɪjimas]
intoxicar-se	apsinuõdyti	[apsʲɪ'nʊadʲi:tʲɪ]

artrite (f)	artrìtas (v)	[art'rʲɪtas]
raquitismo (m)	rachìtas (v)	[ra'xʲɪtas]
reumatismo (m)	reumatìzmas (v)	[rʲɛʊma'tʲɪzmas]
arteriosclerose (f)	ateroskleròzė (m)	[aterosklʲɛ'rozʲe:]

gastrite (f)	gastrìtas (v)	[gas'trʲɪtas]
apendicite (f)	apendicìtas (v)	[apʲɛndʲɪ'tsʲɪtas]
colecistite (f)	cholecistìtas (v)	[xolʲɛtsʲɪs'tʲɪtas]
úlcera (f)	opà (m)	[o'pa]

sarampo (m)	tymaĩ (v)	[tʲi:'mʌɪ]
rubéola (f)	raudoniùkė (m)	[rɑʊdo'nʲʊkʲe:]
icterícia (f)	geltà (m)	[gʲɛlʲ'ta]
hepatite (f)	hepatìtas (v)	[ɣʲɛpa'tʲɪtas]

esquizofrenia (f)	šizofrènija (m)	[ʃɪzo'frʲɛnʲɪjɛ]
raiva (f)	pasiutligė (m)	[pa'sʲʊtlʲɪgʲe:]
neurose (f)	neuròzė (m)	[nʲɛʊ'rozʲe:]
contusão (f) cerebral	smegenų̃ sutrenkìmas (v)	[smʲɛgʲɛ'nu: sʊtrʲɛŋ'kʲɪmas]

câncer (m)	vėžỹs (v)	[vʲe:'ʒʲi:s]
esclerose (f)	skleròzė (m)	[sklʲɛ'rozʲe:]
esclerose (f) múltipla	išsétinė skleròzė (m)	[ɪʃsʲe:'tʲɪnʲe: sklʲɛ'rozʲe:]

alcoolismo (m)	alkoholìzmas (v)	[alⁱkoɣo'lⁱɪzmas]
alcoólico (m)	alokoholikas (v)	[aloko'ɣolⁱɪkas]
sífilis (f)	sìfilis (v)	['sⁱɪfⁱɪlⁱɪs]
AIDS (f)	ŽIV (v)	['ʒⁱɪv]

tumor (m)	auglỹs (v)	[aʊg'lⁱi:s]
febre (f)	karŝtligė (m)	['karʃtlⁱɪgⁱe:]
malária (f)	maliãrija (m)	[ma'lⁱæɾⁱɪjɛ]
gangrena (f)	gangrenà (m)	[gangɾⁱɛ'na]
enjoo (m)	jū́ros ligà (m)	['ju:ros lⁱɪ'ga]
epilepsia (f)	epilèpsija (m)	[ɛpⁱɪ'lⁱɛpsⁱɪjɛ]

epidemia (f)	epidèmija (m)	[ɛpⁱɪ'dⁱɛmⁱɪjɛ]
tifo (m)	ŝìltinė (m)	['ʃɪlⁱtⁱɪnⁱe:]
tuberculose (f)	tuberkuliòzė (m)	[tʊberkʊ'lⁱɔzⁱe:]
cólera (f)	chòlera (m)	['xolⁱɛra]
peste (f) bubônica	mãras (v)	['ma:ras]

64. Sintomas. Tratamentos. Parte 1

sintoma (m)	simptòmas (v)	[sⁱɪmp'tomas]
temperatura (f)	temperatūrà (m)	[tⁱɛmpⁱɛratu:'ra]
febre (f)	aukŝtà temperatūrà (m)	[aʊkʃ'ta tⁱɛmpⁱɛratu:'ra]
pulso (m)	pùlsas (v)	['pʊlⁱsas]

vertigem (f)	galvõs svaigìmas (v)	[galⁱ'vo:s svʌɪ'gⁱɪmas]
quente (testa, etc.)	kárŝtas	['karʃtas]
calafrio (m)	drebulỹs (v)	[dɾⁱɛbʊ'lⁱi:s]
pálido (adj)	iŝbãlęs	[ɪʃ'ba:lⁱɛ:s]

tosse (f)	kosulỹs (v)	[kɔsʊ'lⁱi:s]
tossir (vi)	kósėti	['kosⁱe:tⁱɪ]
espirrar (vi)	čiáudėti	['tşⁱæʊdⁱe:tⁱɪ]
desmaio (m)	nualpimas (v)	[nʊ'alⁱpⁱɪmas]
desmaiar (vi)	nualpti	[nʊ'alⁱptⁱɪ]

mancha (f) preta	mėlỹnė (m)	[mⁱe:'lⁱi:nⁱe:]
galo (m)	gùzas (v)	['gʊzas]
machucar-se (vr)	atsitrenkti	[atsⁱɪ'trⁱɛŋktⁱɪ]
contusão (f)	sumuŝìmas (v)	[sʊmʊ'ʃɪmas]
machucar-se (vr)	susimùŝti	[sʊsⁱɪ'mʊʃtⁱɪ]

mancar (vi)	ŝlubúoti	[ʃlⁱʊ'bʊɑtⁱɪ]
deslocamento (f)	iŝnirìmas (v)	[ɪʃnⁱɪ'rⁱɪmas]
deslocar (vt)	iŝnarìnti	[ɪʃna'rⁱɪntⁱɪ]
fratura (f)	lū́žis (v)	['lⁱu:ʒⁱɪs]
fraturar (vt)	susiláužyti	[sʊsⁱɪ'lⁱaʊʒⁱi:tⁱɪ]

corte (m)	įpjovìmas (v)	[i:pjo'vⁱɪ:mas]
cortar-se (vr)	įsipjáuti	[i:sⁱɪ'pjaʊtⁱɪ]
hemorragia (f)	kraujãvimas (v)	[kraʊ'ja:vⁱɪmas]

queimadura (f)	nudegìmas (v)	[nʊdⁱɛ'gⁱɪmas]
queimar-se (vr)	nusidė́ginti	[nʊsⁱɪ'dⁱægⁱɪntⁱɪ]

picar (vt)	įdùrti	[i:'dʊrtʲɪ]
picar-se (vr)	įsidùrti	[i:sʲɪ'dʊrtʲɪ]
lesionar (vt)	susižalóti	[sʊsʲɪʒa'lʲotʲɪ]
lesão (m)	sužalójimas (v)	[sʊʒa'lʲo:jɪmas]
ferida (f), ferimento (m)	žaizdà (m)	[ʒʌɪz'da]
trauma (m)	tráuma (m)	['trɑʊma]

delirar (vi)	sapalióti	[sapa'lʲotʲɪ]
gaguejar (vi)	mikčióti	[mʲɪk'tʂʲotʲɪ]
insolação (f)	sáulės smūgis (v)	['sɑʊlʲe:s 'smu:gʲɪs]

65. Sintomas. Tratamentos. Parte 2

| dor (f) | skaùsmas (v) | ['skɑʊsmas] |
| farpa (no dedo, etc.) | rakštìs (m) | [rakʃˈtʲɪs] |

suor (m)	prãkaitas (v)	['pra:kʌɪtas]
suar (vi)	prakaitúoti	[prakʌɪ'tʊatʲɪ]
vômito (m)	pýkinimas (v)	['pʲi:kʲɪnʲɪmas]
convulsões (f pl)	traukùliai (v)	[trɑʊ'kʊlʲɛɪ]

grávida (adj)	nėščià	[nʲe:ʃ'tʂʲæ]
nascer (vi)	gìmti	['gʲɪmtʲɪ]
parto (m)	gìmdymas (v)	['gʲɪmdʲi:mas]
dar à luz	gimdýti	[gʲɪm'dʲi:tʲɪ]
aborto (m)	abòrtas (v)	[a'bortas]

respiração (f)	kvėpãvimas (v)	[kvʲe:'pa:vʲɪmas]
inspiração (f)	įkvėpis (v)	['i:kvʲe:pʲɪs]
expiração (f)	iškvėpìmas (v)	[ɪʃkvʲe:'pʲɪmas]
expirar (vi)	iškvėpti	[ɪʃ'kvʲe:ptʲɪ]
inspirar (vi)	įkvėpti	[i:k'vʲe:ptʲɪ]
inválido (m)	invalìdas (v)	[ɪnva'lʲɪdas]
aleijado (m)	luošỹs (v)	[lʲʊa'ʃʲɪ:s]
drogado (m)	narkomãnas (v)	[narko'ma:nas]

surdo (adj)	kurčias	['kʊrtʂʲæs]
mudo (adj)	nebylỹs	[nʲɛbʲi:'lʲi:s]
surdo-mudo (adj)	kurčnebylis	['kʊrtʂnʲɛbʲi:lʲɪs]

louco, insano (adj)	pamìšęs	[pa'mʲɪʃɛ:s]
louco (m)	pamìšęs (v)	[pa'mʲɪʃɛ:s]
louca (f)	pamìšusi (m)	[pa'mʲɪʃʊsʲɪ]
ficar louco	išprotéti	[ɪʃpro'tʲe:tʲɪ]

gene (m)	gènas (v)	['gʲɛnas]
imunidade (f)	imunitėtas (v)	[ɪmʊnʲɪ'tʲɛtas]
hereditário (adj)	pavéldimas	[pa'vʲɛlʲdʲɪmas]
congênito (adj)	įgimtas	['i:gʲɪmtas]

vírus (m)	vìrusas (v)	['vʲɪrʊsas]
micróbio (m)	mikròbas (v)	[mʲɪk'robas]
bactéria (f)	baktèrija (m)	[bak'tʲɛrʲɪjɛ]
infecção (f)	infèkcija (m)	[ɪn'fʲɛktsʲɪjɛ]

66. Sintomas. Tratamentos. Parte 3

hospital (m)	ligóninė (m)	[lʲɪ'gonʲɪnʲe:]
paciente (m)	pacieñtas (v)	[pa'tsʲiɛntas]

diagnóstico (m)	diagnòzė (m)	[dʲɪjag'nozʲe:]
cura (f)	gýdymas (v)	['gʲi:dʲi:mas]
tratamento (m) médico	gýdymas (v)	['gʲi:dʲi:mas]
curar-se (vr)	gýdytis	['gʲi:dʲi:tʲɪs]
tratar (vt)	gýdyti	['gʲi:dʲi:tʲɪ]
cuidar (pessoa)	slaugýti	[slʲɑʊ'gʲi:tʲɪ]
cuidado (m)	slaugà (m)	[slʲɑʊ'ga]

operação (f)	operãcija (m)	[opʲɛ'ra:tsʲɪjɛ]
enfaixar (vt)	pérrišti	['pʲɛrrʲɪʃtʲɪ]
enfaixamento (m)	pérrišimas (v)	['pʲɛrrʲɪʃɪmas]

vacinação (f)	skiẽpas (v)	['skʲɛpas]
vacinar (vt)	skiẽpyti	['skʲɛpʲi:tʲɪ]
injeção (f)	įdūrimas (v)	[i:du:'rʲɪ:mas]
dar uma injeção	suléisti vàistus	[sʊ'lʲɛɪstʲɪ 'vʌɪstʊs]

ataque (~ de asma, etc.)	príepuolis (v)	['prʲɛpʊalʲɪs]
amputação (f)	amputãcija (m)	[ampʊ'ta:tsʲɪjɛ]
amputar (vt)	amputúoti	[ampʊ'tʊatʲɪ]
coma (f)	komà (m)	[kɔ'ma]
estar em coma	bū̃ti kõmoje	['bu:tʲɪ 'kõmojɛ]
reanimação (f)	reanimãcija (m)	[rʲɛanʲɪ'ma:tsʲɪjɛ]

recuperar-se (vr)	sveĩkti ...	['svʲɛɪktʲɪ ...]
estado (~ de saúde)	bū̃klė (m)	['bu:klʲe:]
consciência (perder a ~)	sámonė (m)	['sa:monʲe:]
memória (f)	atmintìs (m)	[atmʲɪn'tʲɪs]

tirar (vt)	šãlinti	['ʃa:lʲɪntʲɪ]
obturação (f)	plòmba (m)	['plʲomba]
obturar (vt)	plombúoti	[plʲom'bʊatʲɪ]

hipnose (f)	hipnòzė (m)	[ɣʲɪp'nozʲe:]
hipnotizar (vt)	hipnotizúoti	[ɣʲɪpnotʲɪ'zʊatʲɪ]

67. Medicina. Drogas. Acessórios

medicamento (m)	vàistas (v)	['vʌɪstas]
remédio (m)	príemonė (m)	['prʲɛmonʲe:]
receitar (vt)	išrašýti	[ɪʃra'ʃɪ:tʲɪ]
receita (f)	recèptas (v)	[rʲɛ'tsʲɛptas]

comprimido (m)	tablètė (m)	[tab'lʲɛtʲe:]
unguento (m)	tẽpalas (v)	['tʲæpalʲas]
ampola (f)	ámpulė (m)	['ampʊlʲe:]
solução, preparado (m)	mikstūrà (m)	[mʲɪkstu:'ra]
xarope (m)	sìrupas (v)	['sʲɪrʊpas]

cápsula (f)	piliùlė (m)	[pʲɪˈlʲʊlʲeː]
pó (m)	miltèliai (v dgs)	[mʲɪlʲˈtʲælʲɛɪ]
atadura (f)	bìntas (v)	[ˈbʲɪntas]
algodão (m)	vatà (m)	[vaˈta]
iodo (m)	jòdas (v)	[jɔ das]
curativo (m) adesivo	pléistras (v)	[ˈplʲɛɪstras]
conta-gotas (m)	pipètė (m)	[pʲɪˈpʲɛtʲeː]
termômetro (m)	termomètras (v)	[tʲɛrmoˈmʲɛtras]
seringa (f)	švìŕkštas (v)	[ˈʃvʲɪrkʃtas]
cadeira (f) de rodas	neįgaliòjo vežimělis (v)	[nʲɛɪˈgaˈlʲʲojo vʲɛˈʒʲɪmʲeːlʲɪs]
muletas (f pl)	ramentai (v dgs)	[raˈmʲɛntʌɪ]
analgésico (m)	skaūsmą malšìnantys vaistai (v dgs)	[ˈskɑʊsmaː malʲˈʃɪnantʲiːs ˈvʌɪstʌɪ]
laxante (m)	láisvinantys vaistai (v dgs)	[ˈlʲʌɪsvʲɪnantʲiːs ˈvʌɪstʌɪ]
álcool (m)	spìritas (v)	[ˈspʲɪrʲɪtas]
ervas (f pl) medicinais	žolė (m)	[ʒoˈlʲeː]
de ervas (chá ~)	žolìnis	[ʒoˈlʲɪnʲɪs]

APARTAMENTO

68. Apartamento

apartamento (m)	butas (v)	['butas]
quarto, cômodo (m)	kambarỹs (v)	[kamba'rⁱi:s]
quarto (m) de dormir	miegamasis (v)	[mⁱɛga'masⁱɪs]
sala (f) de jantar	valgomasis (v)	[valⁱgo'masⁱɪs]
sala (f) de estar	svečių kambarỹs (v)	[svⁱɛ'tʂⁱu: kamba'rⁱi:s]
escritório (m)	kabinetas (v)	[kabⁱɪ'nⁱɛtas]
sala (f) de entrada	príeškambaris (v)	['prⁱɛʃkambarⁱɪs]
banheiro (m)	voniõs kambarỹs (v)	[vo'nⁱo:s kamba'rⁱi:s]
lavabo (m)	tualetas (v)	[tʊa'lⁱɛtas]
teto (m)	lubos (m dgs)	['lⁱʊbos]
chão, piso (m)	griñdys (m dgs)	['grⁱɪndⁱi:s]
canto (m)	kampas (v)	['kampas]

69. Mobiliário. Interior

mobiliário (m)	baldai (v)	['balⁱdʌɪ]
mesa (f)	stalas (v)	['sta:lⁱas]
cadeira (f)	kėdė (m)	[kⁱe:'dⁱe:]
cama (f)	lóva (m)	['lⁱova]
sofá, divã (m)	sofa (m)	[so'fa]
poltrona (f)	fotelis (v)	['fotⁱɛlⁱɪs]
estante (f)	spinta (m)	['spⁱɪnta]
prateleira (f)	lentýna (m)	[lⁱɛn'tⁱi:na]
guarda-roupas (m)	drabužių spinta (m)	[dra'bʊʒⁱu: 'spⁱɪnta]
cabide (m) de parede	pakaba (m)	[paka'ba]
cabideiro (m) de pé	kabyklà (m)	[kabⁱi:k'lⁱa]
cômoda (f)	komoda (m)	[kɔmo'da]
mesinha (f) de centro	žurnalinis staliùkas (v)	[ʒʊr'na:lⁱɪnⁱɪs sta'lⁱʊkas]
espelho (m)	veidrodis (v)	['vⁱɛɪdrodⁱɪs]
tapete (m)	kilimas (v)	['kⁱɪlⁱɪmas]
tapete (m) pequeno	kilimelis (v)	[kⁱɪlⁱɪ'mⁱe:lⁱɪs]
lareira (f)	židinỹs (v)	[ʒⁱɪdⁱɪ'nⁱi:s]
vela (f)	žvãkė (m)	['ʒva:kⁱe:]
castiçal (m)	žvakidė (m)	[ʒva'kⁱɪdⁱe:]
cortinas (f pl)	užúolaidos (m dgs)	[ʊ'ʒʊalⁱʌɪdos]
papel (m) de parede	tapetai (v)	[ta'pⁱɛtʌɪ]

persianas (f pl)	žaliuzės (m dgs)	['ʒa:lʲuzʲe:s]
luminária (f) de mesa	stalìnė lémpa (m)	[sta'lʲɪnʲe: 'lʲɛmpa]
luminária (f) de parede	šviestùvas (v)	[ʃvʲiɛ'stuvas]
abajur (m) de pé	toršėras (v)	[tor'ʃɛras]
lustre (m)	sietýnas (v)	[sʲiɛ'tʲi:nas]

pé (de mesa, etc.)	kojýtė (m)	[ko'ji:tʲe:]
braço, descanso (m)	ranktūris (v)	['raŋktu:rʲɪs]
costas (f pl)	atlošas (v)	['a:tlʲoʃas]
gaveta (f)	stalčius (v)	['stalʲtʂʲʊs]

70. Quarto de dormir

roupa (f) de cama	patalynė (m)	['pa:talʲi:nʲe:]
travesseiro (m)	pagálvė (m)	[pa'galʲvʲe:]
fronha (f)	užvalkalas (v)	['ʊʒvalʲkalas]
cobertor (m)	užklótas (v)	[ʊʒ'klʲotas]
lençol (m)	paklódė (m)	[pak'lʲo:dʲe:]
colcha (f)	lovatiesė (m)	[lʲo'va:tʲiɛsʲe:]

71. Cozinha

cozinha (f)	virtùvė (m)	[vʲɪr'tuvʲe:]
gás (m)	dùjos (m dgs)	['dujɔs]
fogão (m) a gás	dùjinė (m)	['dujinʲe:]
fogão (m) elétrico	elektrìnė (m)	[ɛlʲɛk'trʲɪnʲe:]
forno (m)	orkaitė (m)	['orkʌɪtʲe:]
forno (m) de micro-ondas	mikrobangų krosnėlė (m)	[mʲɪkroban'gu: kros'nʲælʲe:]

geladeira (f)	šaldytùvas (v)	[ʃalʲdʲi:'tuvas]
congelador (m)	šáldymo kãmera (m)	['ʃalʲdʲi:mɔ 'ka:mʲɛra]
máquina (f) de lavar louça	indų plovìmo mašinà (m)	['ɪndu: plʲo'vʲɪmɔ maʃɪ'na]

moedor (m) de carne	mėsmalė (m)	['mʲe:smalʲe:]
espremedor (m)	sulčiãspaudė (m)	[sulʲ'tʂʲæspɑʊdʲe:]
torradeira (f)	tòsteris (v)	['tostʲɛrʲɪs]
batedeira (f)	mìkseris (v)	['mʲɪksʲɛrʲɪs]

máquina (f) de café	kavõs aparãtas (v)	[ka'vo:s apa'ra:tas]
cafeteira (f)	kavinùkas (v)	[kavʲɪ'nukas]
moedor (m) de café	kavãmalė (m)	[ka'va:malʲe:]

chaleira (f)	arbatinùkas (v)	[arbatʲɪ'nukas]
bule (m)	arbãtinis (v)	[arba:'tʲɪnʲɪs]
tampa (f)	dangtẽlis (v)	[daŋk'tʲælʲɪs]
coador (m) de chá	sietẽlis (v)	[sʲiɛ'tʲælʲɪs]

colher (f)	šáukštas (v)	['ʃɑʊkʃtas]
colher (f) de chá	arbãtinis šaukštẽlis (v)	[ar'ba:tʲɪnʲɪs ʃɑʊkʃ'tʲælʲɪs]
colher (f) de sopa	válgomasis šáukštas (v)	['valʲgomasʲɪs 'ʃɑʊkʃtas]
garfo (m)	šakutė (m)	[ʃa'kʊtʲe:]
faca (f)	peĩlis (v)	['pʲɛɪlʲɪs]

louça (f)	iñdai (v)	['ɪndʌɪ]
prato (m)	lėkštė (m)	[lʲe:kʃʲtʲe:]
pires (m)	lėkštėlė (m)	[lʲe:kʃʲtʲælʲe:]
cálice (m)	taurėlė (m)	[tɑu'rʲælʲe:]
copo (m)	stiklìnė (m)	[stʲɪk'lʲɪnʲe:]
xícara (f)	puodùkas (v)	[puɑ'dukas]
açucareiro (m)	cùkrinė (m)	['tsukrʲɪnʲe:]
saleiro (m)	drùskinė (m)	['druskʲɪnʲe:]
pimenteiro (m)	pipìrinė (m)	[pʲɪ'pʲɪrʲɪnʲe:]
manteigueira (f)	svíestinė (m)	['svʲɪestʲɪnʲe:]
panela (f)	púodas (v)	['puɑdas]
frigideira (f)	keptùvė (m)	[kʲɛp'tuvʲe:]
concha (f)	sámtis (v)	['samtʲɪs]
coador (m)	kiaurãsamtis (v)	[kʲɛu'ra:samtʲɪs]
bandeja (f)	padėklas (v)	[pa'dʲe:klʲas]
garrafa (f)	bùtelis (v)	['butʲɛlʲɪs]
pote (m) de vidro	stiklaìnis (v)	[stʲɪk'lʲʌɪnʲɪs]
lata (~ de cerveja)	skardìnė (m)	[skar'dʲɪnʲe:]
abridor (m) de garrafa	atidarytùvas (v)	[atʲɪdarʲiː'tuvas]
abridor (m) de latas	konsèrvų atidarytùvas (v)	[kɔn'sʲɛrvu: atʲɪdarʲiː'tuvas]
saca-rolhas (m)	kamščiãtraukis (v)	[kamʃʲtʂʲætrɑukʲɪs]
filtro (m)	fìltras (v)	['fʲɪlʲtras]
filtrar (vt)	filtrúoti	[fʲɪlʲ'truɑtʲɪ]
lixo (m)	šiùkšlės (m dgs)	['ʃʲukʃlʲe:s]
lixeira (f)	šiùkšlių kìbiras (v)	['ʃʲukʃlʲu: 'kʲɪbʲɪras]

72. Casa de banho

banheiro (m)	voniõs kambarỹs (v)	[vo'nʲo:s kamba'rʲiːs]
água (f)	vanduõ (v)	[van'duɑ]
torneira (f)	čiáupas (v)	['tʂʲæupas]
água (f) quente	kárštas vanduõ (v)	['karʃtas van'duɑ]
água (f) fria	šáltas vanduõ (v)	['ʃalʲtas van'duɑ]
pasta (f) de dente	dantũ pastà (m)	[dan'tu: pas'ta]
escovar os dentes	valýti dantìs	[va'lʲiːtʲɪ dan'tʲɪs]
escova (f) de dente	dantũ šepetėlis (v)	[dan'tu: ʃepe'tʲe:lʲɪs]
barbear-se (vr)	skùstis	['skustʲɪs]
espuma (f) de barbear	skutìmosi pùtos (m dgs)	[sku'tʲɪmosʲɪ 'putos]
gilete (f)	skutìmosi peiliùkas (v)	[sku'tʲɪmosʲɪ pʲɛɪ'lʲukas]
lavar (vt)	pláuti	['plʲɑutʲɪ]
tomar banho	máudytis, praũstis	['mɑudʲiːtʲɪs], ['prɑustʲɪs]
chuveiro (m), ducha (f)	dùšas (v)	['duʃas]
tomar uma ducha	praũstis dušè	['prɑustʲɪs du'ʃɛ]
banheira (f)	vonià (m)	[vo'nʲæ]
vaso (m) sanitário	unitãzas (v)	[unʲɪ'ta:zas]

pia (f)	kriauklė (m)	[krʲɛʊk'lʲe:]
sabonete (m)	muĩlas (v)	['mʊɪlʲas]
saboneteira (f)	muĩlinė (m)	['mʊɪlʲɪnʲe:]

esponja (f)	kempìnė (m)	[kʲɛm'pʲɪnʲe:]
xampu (m)	šampūnas (v)	[ʃam'pu:nas]
toalha (f)	rañkšluostis (v)	['raŋkʃlʲʊɑstʲɪs]
roupão (m) de banho	chalãtas (v)	[xa'lʲa:tas]

lavagem (f)	skalbìmas (v)	[skalʲ'bʲɪmas]
lavadora (f) de roupas	skalbìmo mašinà (m)	[skalʲ'bʲɪmɔ maʃɪ'na]
lavar a roupa	skal̃bti báltinius	['skʌlʲptʲɪ 'ba lʲtʲɪnʲʊs]
detergente (m)	skalbìmo miltẽliai (v dgs)	[skalʲ'bʲɪmɔ mʲɪlʲ'tʲælʲɛɪ]

73. Eletrodomésticos

televisor (m)	televìzorius (v)	[tʲɛlʲɛ'vʲɪzorʲʊs]
gravador (m)	magnetofònas (v)	[magnʲɛto'fonas]
videogravador (m)	video magnetofònas (v)	[vʲɪdʲɛɔ magnʲɛto'fonas]
rádio (m)	imtùvas (v)	[ɪm'tʊvas]
leitor (m)	grotùvas (v)	[gro'tʊvas]

projetor (m)	video projèktorius (v)	['vʲɪdʲɛɔ pro'jæktorʲʊs]
cinema (m) em casa	namų̃ kìno teãtras (v)	[na'mu: 'kʲɪnɔ tʲɛ'a:tras]
DVD Player (m)	DVD grotùvas (v)	[dʲɪvʲɪ'dʲɪ gro'tʊvas]
amplificador (m)	stiprintùvas (v)	[stʲɪprʲɪn'tʊvas]
console (f) de jogos	žaidìmų príedėlis (v)	[ʒʌɪ'dʲɪmu: 'prʲiɛdʲe:lʲɪs]

câmera (f) de vídeo	videokãmera (m)	[vʲɪdʲɛo'ka:mʲɛra]
máquina (f) fotográfica	fotoaparãtas (v)	[fotoapa'ra:tas]
câmera (f) digital	skaitmenìnis	[skʌɪtmʲɛ'nʲɪnʲɪs
	fotoaparãtas (v)	fotoapa'ra:tas]

aspirador (m)	dulkių siurblỹs (v)	['dʊlʲkʲu: sʲʊr'blʲi:s]
ferro (m) de passar	lygintùvas (v)	[lʲi:gʲɪn'tʊvas]
tábua (f) de passar	lýginimo lentà (m)	['lʲi:gʲɪnʲɪmɔ lʲɛn'ta]

telefone (m)	telefònas (v)	[tʲɛlʲɛ'fonas]
celular (m)	mobilùsis telefònas (v)	[mobʲɪ'lʊsʲɪs tʲɛlʲɛ'fonas]
máquina (f) de escrever	rãšymo mašinẽlė (m)	['ra:ʃɪːmɔ maʃɪ'nʲe:lʲe:]
máquina (f) de costura	siuvìmo mašinà (m)	[sʲʊ'vʲɪmɔ maʃɪ'na]

microfone (m)	mikrofònas (v)	[mʲɪkro'fonas]
fone (m) de ouvido	ausìnės (m dgs)	[ɑʊ'sʲɪnʲe:s]
controle remoto (m)	pùltas (v)	['pʊlʲtas]

CD (m)	kompãktinis dìskas (v)	[kɔm'pa:ktʲɪnʲɪs 'dʲɪskas]
fita (f) cassete	kasetė (m)	[ka'sʲɛtʲe:]
disco (m) de vinil	plokštẽlė (m)	[plokʃ'tʲælʲe:]

A TERRA. TEMPO

74. Espaço sideral

espaço, cosmo (m)	kosmosas (v)	['kosmosas]
espacial, cósmico (adj)	kosminis	['kosmʲɪnʲɪs]
espaço (m) cósmico	kosminė erdvė (m)	['kosmʲɪnʲe: ɛrd'vʲe:]
mundo (m)	visata (m)	[vʲɪsa'ta]
universo (m)	pasaulis (v)	[pa'saʊlʲɪs]
galáxia (f)	galaktika (m)	[ga'lʲa:ktʲɪka]
estrela (f)	žvaigždė (m)	[ʒvʌɪg'ʒdʲe:]
constelação (f)	žvaigždynas (v)	[ʒvʌɪgʒ'dʲi:nas]
planeta (m)	planeta (m)	[plʲanʲɛ'ta]
satélite (m)	palydovas (v)	[palʲi:'do:vas]
meteorito (m)	meteoritas (v)	[mʲɛtʲɛo'rʲɪtas]
cometa (m)	kometa (m)	[kɔmʲɛ'ta]
asteroide (m)	asteroidas (v)	[astʲɛ'rɔɪdas]
órbita (f)	orbita (m)	[orbʲɪ'ta]
girar (vi)	suktis	['sʊktʲɪs]
atmosfera (f)	atmosfera (m)	[atmosfʲɛ'ra]
Sol (m)	Saulė (m)	['saʊlʲe:]
Sistema (m) Solar	Saulės sistema (m)	['saʊlʲe:s sʲɪste'ma]
eclipse (m) solar	Saulės užtemimas (v)	['saʊlʲe:s ʊʒtʲɛ'mʲɪmas]
Terra (f)	Žemė (m)	['ʒʲæmʲe:]
Lua (f)	Mėnulis (v)	[mʲe:'nʊlʲɪs]
Marte (m)	Marsas (v)	['marsas]
Vênus (f)	Venera (m)	[vʲɛnʲɛ'ra]
Júpiter (m)	Jupiteris (v)	[jʊ'pʲɪtʲɛrʲɪs]
Saturno (m)	Saturnas (v)	[sa'tʊrnas]
Mercúrio (m)	Merkurijus (v)	[mʲɛr'kʊrʲɪjʊs]
Urano (m)	Uranas (v)	[ʊ'ra:nas]
Netuno (m)	Neptūnas (v)	[nʲɛp'tu:nas]
Plutão (m)	Plutonas (v)	[plʲʊ'tonas]
Via Láctea (f)	Paukščių Takas (v)	['paʊkʃtʲʊ: 'ta:kas]
Ursa Maior (f)	Didieji Grįžulo Ratai (v dgs)	[dʲɪ'dʲiɛjɪ 'grʲɪːʒʊlʲɔ 'ra:tʌɪ]
Estrela Polar (f)	Šiaurinė žvaigždė (m)	[ʃɛʊ'rʲɪnʲe: ʒvʌɪg'ʒdʲe:]
marciano (m)	marsietis (v)	[mar'sʲɛtʲɪs]
extraterrestre (m)	ateivis (v)	[a'tʲɛɪvʲɪs]
alienígena (m)	ateivis (v)	[a'tʲɛɪvʲɪs]

disco (m) voador	skraĩdanti lėkštė (m)	['skrʌɪdantʲɪ lʲeːkʃtʲe:]
espaçonave (f)	kòsminis laĩvas (v)	['kosmʲɪnʲɪs 'lʲʌɪvas]
estação (f) orbital	orbìtos stotìs (m)	[or'bʲɪtos sto'tʲɪs]
lançamento (m)	stártas (v)	['startas]

motor (m)	varìklis (v)	[va'rʲɪklʲɪs]
bocal (m)	tū̃tà (m)	[tuː'ta]
combustível (m)	kùras (v)	['kʊras]

| cabine (f) | kabinà (m) | [kabʲɪ'na] |
| antena (f) | antenà (m) | [antʲɛ'na] |

vigia (f)	iliuminãtorius (v)	[ɪlʲʊmʲɪ'na:torʲʊs]
bateria (f) solar	sáulės baterija (m)	['saʊlʲe:s ba'tʲɛrʲɪjɛ]
traje (m) espacial	skafándras (v)	[ska'fandras]

| imponderabilidade (f) | nesvarùmas (v) | [nʲɛsva'rumas] |
| oxigênio (m) | deguõnis (v) | [dʲɛ'gʊɑnʲɪs] |

| acoplagem (f) | susijungìmas (v) | [sʊsʲɪjʊn'gʲɪmas] |
| fazer uma acoplagem | susijùngti | [sʊsʲɪ'jʊŋktʲɪ] |

| observatório (m) | observatòrija (m) | [obsʲɛrva'torʲɪjɛ] |
| telescópio (m) | teleskòpas (v) | [tʲɛlʲɛ'skopas] |

| observar (vt) | stebéti | [ste'bʲe:tʲɪ] |
| explorar (vt) | tyrinéti | [tʲiːrʲɪ'nʲe:tʲɪ] |

75. A Terra

Terra (f)	Žẽmė (m)	['ʒʲæmʲe:]
globo terrestre (Terra)	žẽmės rutulỹs (v)	['ʒʲæmʲe:s rʊtʊ'lʲi:s]
planeta (m)	planetà (m)	[plʲanʲɛ'ta]

atmosfera (f)	atmosferà (m)	[atmosfʲɛ'ra]
geografia (f)	geogrãfija (m)	[gʲɛo'gra:fʲɪjɛ]
natureza (f)	gamtà (m)	[gam'ta]

globo (mapa esférico)	gaublỹs (v)	[gɑʊb'lʲi:s]
mapa (m)	žemélapis (v)	[ʒe'mʲe:lʲapʲɪs]
atlas (m)	ãtlasas (v)	['a:tlʲasas]

| Europa (f) | Europà (m) | [ɛʊro'pa] |
| Ásia (f) | ãzija (m) | ['a:zʲɪjɛ] |

| África (f) | ãfrika (m) | ['a:frʲɪka] |
| Austrália (f) | Austrãlija (m) | [ɑʊs'tra:lʲɪjɛ] |

América (f)	Amèrika (m)	[a'mʲɛrʲɪka]
América (f) do Norte	Šiáurės Amèrika (m)	['ʃʲæʊrʲe:s a'mʲɛrʲɪka]
América (f) do Sul	Pietų̃ Amèrika (m)	[pʲɪɛ'tu: a'mʲɛrʲɪka]

| Antártida (f) | Antarktidà (m) | [antarktʲɪ'da] |
| Ártico (m) | Árktika (m) | ['arktʲɪka] |

76. Pontos cardeais

norte (m)	šiáuré (m)	[ˈʃæʊrˈeː]
para norte	į šiáurę	[i: ˈʃæʊrˈɛː]
no norte	šiáuréje	[ˈʃæʊrˈeːje]
do norte (adj)	šiaurìnis	[ʃɛʊˈrˈɪnˈɪs]

sul (m)	pietùs (v)	[pˈiɛˈtʊs]
para sul	į pietùs	[i: pˈiɛˈtʊs]
no sul	pietuosè	[pˈiɛtʊɑˈsˈɛ]
do sul (adj)	pietìnis	[pˈiɛˈtˈɪnˈɪs]

oeste, ocidente (m)	vakaraĩ (v dgs)	[vakaˈrʌɪ]
para oeste	į vãkarus	[i: ˈvaːkarʊs]
no oeste	vakaruosè	[vakarʊɑˈsˈɛ]
ocidental (adj)	vakariẽtiškas	[vakaˈrˈɛtˈɪʃkas]

leste, oriente (m)	rytaĩ (v dgs)	[rˈiːˈtʌɪ]
para leste	į rýtus	[i: ˈrˈiːtʊs]
no leste	rytuosè	[rˈiːtʊɑˈsˈɛ]
oriental (adj)	rytiẽtiškas	[rˈiːˈtˈɛtˈɪʃkas]

77. Mar. Oceano

mar (m)	jū́ra (m)	[ˈjuːra]
oceano (m)	vandenýnas (v)	[vandˈɛˈnˈiːnas]
golfo (m)	įlanka (m)	[ˈiːlˈaŋka]
estreito (m)	sąsiauris (v)	[ˈsaːsˈɛʊrˈɪs]

continente (m)	žemýnas (v)	[ʒˈɛˈmˈiːnas]
ilha (f)	salà (m)	[saˈlˈa]
península (f)	pusiãsalis (v)	[pʊˈsˈæsalˈɪs]
arquipélago (m)	archipelãgas (v)	[arxˈɪpˈɛˈlˈaːgas]

baía (f)	užùtekis (v)	[ʊʒʊtˈɛkˈɪs]
porto (m)	úostas (v)	[ˈʊɑstas]
lagoa (f)	lagūnà (m)	[lˈagu:ˈna]
cabo (m)	iškyšulỹs (v)	[ɪʃkˈi:ʃʊˈlˈi:s]

atol (m)	atólas (v)	[aˈtolˈas]
recife (m)	rìfas (v)	[ˈrˈɪfas]
coral (m)	korãlas (v)	[kɔˈraːlˈas]
recife (m) de coral	korãlų rìfas (v)	[kɔˈraːlˈu: ˈrˈɪfas]

profundo (adj)	gilùs (v)	[gˈɪˈlˈʊs]
profundidade (f)	gỹlis (v)	[ˈgˈi:ˈlˈɪs]
abismo (m)	bedùgné (m)	[bˈɛˈdʊgnˈeː]
fossa (f) oceânica	įduba (m)	[ˈiːdʊba]

corrente (f)	srovẽ (m)	[sroˈvˈeː]
banhar (vt)	skaláuti	[skaˈlˈɑʊtˈɪ]
litoral (m)	pajūris (v)	[ˈpajūris]
costa (f)	pakrántė (m)	[pakˈrantˈeː]

maré (f) alta	añtplūdis (v)	['antplʲu:dʲɪs]
refluxo (m)	atoslūgis (v)	[a'toslʲu:gʲɪs]
restinga (f)	atābradas (v)	[a'ta:bradas]
fundo (m)	dugnas (v)	['dʊgnas]

onda (f)	bangà (m)	[ban'ga]
crista (f) da onda	bangõs keterà (m)	[ban'go:s kʲɛtʲɛ'ra]
espuma (f)	putos (m dgs)	['pʊtos]

tempestade (f)	audrà (m)	[ɑʊd'ra]
furacão (m)	uragãnas (v)	[ʊra'ga:nas]
tsunami (m)	cunāmis (v)	[tsʊ'na:mʲɪs]
calmaria (f)	štilius (v)	[ʃtʲɪ'lʲʊs]
calmo (adj)	ramùs	[ra'mʊs]

polo (m)	ašìgalis (v)	[a'ʃɪgalʲɪs]
polar (adj)	poliārinis	[po'lʲærʲɪnʲɪs]

latitude (f)	platumà (m)	[plʲatʊ'ma]
longitude (f)	ilgumà (m)	[ɪlʲgʊ'ma]
paralela (f)	paralèlė (m)	[para'lʲɛlʲe:]
equador (m)	ekvãtorius (v)	[ɛk'va:torʲʊs]

céu (m)	dangùs (v)	[dan'gʊs]
horizonte (m)	horizòntas (v)	[ɣorʲɪ'zontas]
ar (m)	óras (v)	['oras]

farol (m)	švyturỹs (v)	[ʃvʲi:tʊ'rʲi:s]
mergulhar (vi)	nárdyti	['nardʲi:tʲɪ]
afundar-se (vr)	nuskęsti	[nʊ'skʲɛ:stʲɪ]
tesouros (m pl)	lõbis (v)	['lʲo:bʲɪs]

78. Nomes de Mares e Oceanos

Oceano (m) Atlântico	Atlánto vandenýnas (v)	[at'lʲanto vandʲɛ'nʲi:nas]
Oceano (m) Índico	Ìndijos vandenýnas (v)	['ɪndʲɪjos vandʲɛ'nʲi:nas]
Oceano (m) Pacífico	Ramùsis vandenýnas (v)	[ra'mʊsʲɪs vandʲɛ'nʲi:nas]
Oceano (m) Ártico	Árkties vandenýnas (v)	['arktʲɪɛs vandʲɛ'nʲi:nas]

Mar (m) Negro	Juodóji jū́ra (m)	[jʊɑ'do:jɪ 'ju:ra]
Mar (m) Vermelho	Raudonóji jū́ra (m)	[rɑʊdo'no:jɪ 'ju:ra]
Mar (m) Amarelo	Geltonóji jū́ra (m)	[gʲɛlʲto'no:jɪ 'ju:ra]
Mar (m) Branco	Baltóji jū́ra (m)	[balʲʲ'to:jɪ 'ju:ra]

Mar (m) Cáspio	Kāspijos jū́ra (m)	['ka:spʲɪjos 'ju:ra]
Mar (m) Morto	Negyvóji jū́ra (m)	[nʲɛgʲi'vo:jɪ 'ju:ra]
Mar (m) Mediterrâneo	Viduržemio jū́ra (m)	[vʲɪ'dʊrʒʲɛmʲɔ 'ju:ra]

Mar (m) Egeu	Egėjo jū́ra (m)	[ɛ'gʲæjo 'ju:ra]
Mar (m) Adriático	ā́drijos jū́ra (m)	['a:drʲɪjos 'ju:ra]

Mar (m) Arábico	Arābijos jū́ra (m)	[a'rabʲɪjos 'ju:ra]
Mar (m) do Japão	Japònijos jū́ra (m)	[ja'ponʲɪjos ju:ra]
Mar (m) de Bering	Bèringo jū́ra (m)	['bʲɛrʲɪngo 'ju:ra]

Mar (m) da China Meridional	Pietų Kinijos jūra (m)	[pʲiɛ'tu: 'kʲɪnʲɪjɔs 'ju:ra]
Mar (m) de Coral	Koralų jūra (m)	[kɔ'ra:lʲu: 'ju:ra]
Mar (m) de Tasman	Tasmānų jūra (m)	[tas'manu: 'ju:ra]
Mar (m) do Caribe	Karibų jūra (m)	[ka'rʲɪbu: 'ju:ra]

| Mar (m) de Barents | Bārenco jūra (m) | [barʲɛntsɔ 'ju:ra] |
| Mar (m) de Kara | Kārsko jūra (m) | ['karskɔ 'ju:ra] |

Mar (m) do Norte	Šiáurės jūra (m)	['ʃæuʳeːs 'ju:ra]
Mar (m) Báltico	Baltijos jūra (m)	['balʲtʲɪjɔs 'ju:ra]
Mar (m) da Noruega	Norvègijos jūra (m)	[nor'vʲɛgʲɪjɔs 'ju:ra]

79. Montanhas

montanha (f)	kálnas (v)	['kalʲnas]
cordilheira (f)	kalnų virtinė (m)	[kalʲ'nu: vʲɪrtʲɪnʲe:]
serra (f)	kalnāgūbris (v)	[kalʲ'na:gu:brʲɪs]

cume (m)	viršūnė (m)	[vʲɪrʲʃu:nʲe:]
pico (m)	pikas (v)	['pʲɪkas]
pé (m)	papėdė (m)	[pa'pʲe:dʲe:]
declive (m)	nuokalnė (m)	['nuɑkalʲnʲe:]

vulcão (m)	ugnikalnis (v)	[ʊg'nʲɪkalʲnʲɪs]
vulcão (m) ativo	veikiantis ugnikalnis (v)	['vʲɛɪkʲæntʲɪs ʊg'nʲɪkalʲnʲɪs]
vulcão (m) extinto	užgęsęs ugnikalnis (v)	[ʊʒ'gʲæsʲɛ:s ʊg'nʲɪkalʲnʲɪs]

erupção (f)	išsiveržimas (v)	[ɪʃsʲɪvʲɛrʲʒʲɪmas]
cratera (f)	krāteris (v)	['kra:tʲɛrʲɪs]
magma (m)	magma (m)	[mag'ma]
lava (f)	lava (m)	[lʲa'va]
fundido (lava ~a)	įkaitęs	[i:'kaɪtʲɛ:s]
cânion, desfiladeiro (m)	kanjonas (v)	[ka'njɔ nas]
garganta (f)	tarpukalnė (m)	[tar'pʊkalʲnʲe:]
fenda (f)	tarpēklis (m)	[tar'pʲæklʲɪs]

passo, colo (m)	kalnākelis (m)	[kalʲ'nakʲɛlʲɪs]
planalto (m)	gulstė (m)	[gʊlʲ'stʲe:]
falésia (f)	uola (m)	[ʊɑ'lʲa]
colina (f)	kalva (m)	[kalʲ'va]

geleira (f)	ledýnas (v)	[lʲɛ'dʲi:nas]
cachoeira (f)	krioklỹs (v)	[krʲok'lʲi:s]
gêiser (m)	geizeris (v)	['gʲɛɪzʲɛrʲɪs]
lago (m)	ēžeras (v)	['ɛʒʲɛras]

planície (f)	lyguma (m)	[lʲi:gʊ'ma]
paisagem (f)	peizāžas (v)	[pʲɛɪ'za:ʒas]
eco (m)	aidas (v)	['ʌɪdas]

alpinista (m)	alpinistas (v)	[alʲpʲɪ'nʲɪstas]
escalador (m)	uolakopỹs (v)	[ʊɑlʲako'pỹs]
conquistar (vt)	pavérgti	[pa'vʲɛrktʲɪ]
subida, escalada (f)	kopimas (v)	[kɔ'pʲɪmas]

80. Nomes de montanhas

Alpes (m pl)	Álpės (m dgs)	['alʲpʲe:s]
Monte Branco (m)	Monblãnas (v)	[mon'blʲa:nas]
Pirineus (m pl)	Pirénai (v)	[pʲɪ'rʲe:nʌɪ]
Cárpatos (m pl)	Karpãtai (v dgs)	[kar'pa:tʌɪ]
Urais (m pl)	Urãlo kalnaì (v dgs)	[ʊ'ra:lɔ kalʲ'nʌɪ]
Cáucaso (m)	Kaukãzas (v)	[kɑʊ'ka:zas]
Elbrus (m)	Elbrùsas (v)	[ɛlʲ'brʊsas]
Altai (m)	Altãjus (v)	[alʲ'ta:jʊs]
Tian Shan (m)	Tian Šãnis (v)	[tʲæn 'ʃa:nʲɪs]
Pamir (m)	Pamỹras (v)	[pa'mʲi:ras]
Himalaia (m)	Himalãjai (v dgs)	[ɣʲɪma'lʲa:jʌɪ]
monte Everest (m)	Everèstas (v)	[ɛvʲɛ'rʲɛstas]
Cordilheira (f) dos Andes	Añdai (v)	['andʌɪ]
Kilimanjaro (m)	Kilimandžãras (v)	[kʲlʲɪman'dʒa:ras]

81. Rios

rio (m)	ùpė (m)	['ʊpʲe:]
fonte, nascente (f)	šaltìnis (v)	[ʃalʲ'tʲɪnʲɪs]
leito (m) de rio	vagà (m)	[va'ga]
bacia (f)	baseìnas (v)	[ba'sʲɛɪnas]
desaguar no ...	įtekéti į̃ ...	[i:tʲɛ'kʲe:tʲɪ i: ..]
afluente (m)	añtplūdis (v)	['antplʲu:dʲɪs]
margem (do rio)	krañtas (v)	['krantas]
corrente (f)	srově (m)	[sro'vʲe:]
rio abaixo	pasroviuì	[pasro'vʲʊɪ]
rio acima	priẽš srõvę	['prʲɛʃ 'sro:vʲɛ:]
inundação (f)	pótvynis (v)	['potvʲi:nʲɪs]
cheia (f)	póplūdis (v)	['poplʲu:dʲɪs]
transbordar (vi)	išsilíeti	[ɪʃsʲɪ'lʲiɛtʲɪ]
inundar (vt)	tvìndyti	['tvʲɪndʲi:tʲɪ]
banco (m) de areia	seklumà (m)	[sʲɛklʲʊ'ma]
corredeira (f)	sleñkstis (v)	['slʲɛŋkstʲɪs]
barragem (f)	ùžtvanka (m)	['ʊʒtvaŋka]
canal (m)	kanãlas (v)	[ka'na:lʲas]
reservatório (m) de água	vandeñs saugyklà (m)	[van'dʲɛns sɑʊgʲi:k'lʲa]
eclusa (f)	šliùzas (v)	['ʃlʲʊzas]
corpo (m) de água	vandeñs telkinỹs (v)	[van'dʲɛns tʲɛlʲkʲɪ'nʲi:s]
pântano (m)	pélkė (m)	['pʲɛlʲkʲe:]
lamaçal (m)	liū́nas (v)	['lʲu:nas]
redemoinho (m)	verpẽtas (v)	[vʲɛr'pʲætas]
riacho (m)	upẽlis (v)	[ʊ'pʲælʲɪs]

potável (adj)	gēriamas	[ˈgʲærʲæmas]
doce (água)	gėlas	[ˈgʲeːlʲas]
gelo (m)	lēdas (v)	[ˈlʲædas]
congelar-se (vr)	užšálti	[ʊʒˈʃalʲtʲɪ]

82. Nomes de rios

rio Sena (m)	Senà (m)	[sʲɛˈna]
rio Loire (m)	Luarà (m)	[lʲuaˈra]
rio Tâmisa (m)	Temzė (m)	[ˈtʲɛmzʲeː]
rio Reno (m)	Reĩnas (v)	[ˈrʲɛɪnas]
rio Danúbio (m)	Dunõjus (v)	[dʊˈnoːjus]
rio Volga (m)	Volga (m)	[ˈvolʲga]
rio Don (m)	Dònas (v)	[ˈdonas]
rio Lena (m)	Lenà (m)	[lʲɛˈna]
rio Amarelo (m)	Geltonóji ùpė (m)	[gʲɛlʲtoˈnoːjɪ ˈʊpʲeː]
rio Yangtzé (m)	Jangdzě (m)	[jangˈdzʲeː]
rio Mekong (m)	Mekòngas (v)	[mʲɛˈkongas]
rio Ganges (m)	Gángas (v)	[ˈgangas]
rio Nilo (m)	Nìlas (v)	[ˈnʲɪlʲas]
rio Congo (m)	Kòngas (v)	[ˈkongas]
rio Cubango (m)	Okavángas (v)	[okaˈva ngas]
rio Zambeze (m)	Zambèzė (m)	[zamˈbʲɛzʲeː]
rio Limpopo (m)	Limpopò (v)	[lʲɪmpoˈpo]
rio Mississippi (m)	Misisìpė (m)	[mʲɪsʲɪˈsʲɪpʲeː]

83. Floresta

floresta (f), bosque (m)	mìškas (v)	[ˈmʲɪʃkas]
florestal (adj)	miškìnis	[mʲɪʃˈkʲɪnʲɪs]
mata (f) fechada	tankumýnas (v)	[taŋkʊˈmʲiːnas]
arvoredo (m)	giráitė (m)	[gʲɪˈrʌɪtʲeː]
clareira (f)	laũkas (v)	[ˈlʲɑukas]
matagal (m)	žolýnas, beržýnas (v)	[ʒoˈlʲiːnas], [bʲɛrˈʒʲiːnas]
mato (m), caatinga (f)	krūmýnas (v)	[kruːˈmʲiːnas]
pequena trilha (f)	takēlis (v)	[taˈkʲælʲɪs]
ravina (f)	griovỹs (v)	[grʲoˈvʲiːs]
árvore (f)	mēdis (v)	[ˈmʲædʲɪs]
folha (f)	lãpas (v)	[ˈlʲaːpas]
folhagem (f)	lapijà (m)	[lʲapʲɪˈja]
queda (f) das folhas	lãpų kritìmas (v)	[ˈlʲaːpu krʲɪˈtʲɪmas]
cair (vi)	krìsti	[ˈkrʲɪstʲɪ]

topo (m)	viršūnė (m)	[vʲɪr'ʃuːnʲe:]
ramo (m)	šaka (m)	[ʃa'ka]
galho (m)	šaka (m)	[ʃa'ka]
botão (m)	pumpuras (v)	['pumpuras]
agulha (f)	spyglys (v)	[spʲiːg'lʲiːs]
pinha (f)	kankorėžis (v)	[kaŋ'korʲe:ʒʲɪs]

buraco (m) de árvore	úoksas (v)	['uɑksas]
ninho (m)	lìzdas (v)	['lʲɪzdas]
toca (f)	olà (m)	[o'lʲa]

tronco (m)	kamíenas (v)	[ka'mʲiɛnas]
raiz (f)	šaknìs (m)	[ʃak'nʲɪs]
casca (f) de árvore	žievė (m)	[ʒʲiɛ'vʲe:]
musgo (m)	sãmana (m)	['sa:mana]

arrancar pela raiz	ráuti	['rɑutʲɪ]
cortar (vt)	kìrsti	['kʲɪrstʲɪ]
desflorestar (vt)	iškìrsti	[ɪʃ'kʲɪrstʲɪ]
toco, cepo (m)	kélmas (v)	['kʲɛlʲmas]

fogueira (f)	láužas (v)	['lʲɑuʒas]
incêndio (m) florestal	gaìsras (v)	['gʌɪsras]
apagar (vt)	gesìnti	[gʲɛ'sʲɪntʲɪ]

guarda-parque (m)	mìškininkas (v)	['mʲɪʃkʲɪnʲɪŋkas]
proteção (f)	apsauga (m)	[apsɑu'ga]
proteger (a natureza)	sáugoti	['sɑugotʲɪ]
caçador (m) furtivo	brakoniērius (v)	[brako'nʲɛrʲus]
armadilha (f)	spąstai (v dgs)	['spa:stʌɪ]

colher (cogumelos)	grybáuti	[grʲiː'bɑutʲɪ]
colher (bagas)	uogáuti	[uɑ'gɑutʲɪ]
perder-se (vr)	pasiklýsti	[pasʲɪ'klʲiːstʲɪ]

84. Recursos naturais

recursos (m pl) naturais	gamtìniai ìštekliai (v dgs)	[gam'tʲɪnʲɛɪ 'ɪʃtʲɛklʲɛɪ]
minerais (m pl)	naudìngos ìškasenos (m dgs)	[nɑu'dʲɪngos 'ɪʃkasʲɛnos]
depósitos (m pl)	telkiniaì (v dgs)	[tʲɛlʲkʲɪ'nʲɛɪ]
jazida (f)	telkinỹs (v)	[tʲɛlʲkʲɪ'nʲiːs]

extrair (vt)	iškàsti	[ɪʃ'kastʲɪ]
extração (f)	laimìkis (v)	[lʲʌɪ'mʲɪkʲɪs]
minério (m)	rūdà (m)	[ruː'da]
mina (f)	rūdýnas (v)	[ruː'dʲiːnas]
poço (m) de mina	šachtà (m)	[ʃax'ta]
mineiro (m)	šãchtininkas (v)	['ʃa:xtʲɪnʲɪŋkas]

gás (m)	dùjos (m dgs)	['dùjos]
gasoduto (m)	dujótiekis (v)	[du'jotʲiɛkʲɪs]

petróleo (m)	naftà (m)	[naf'ta]
oleoduto (m)	naftótiekis (v)	[naf'totʲiɛkʲɪs]

poço (m) de petróleo	nãftos bókštas (v)	['na:ftos 'bokʃtas]
torre (f) petrolífera	grẽžimo bókštas (v)	['grʲɛ:ʒʲɪmɔ 'bokʃtas]
petroleiro (m)	tánklaivis (v)	['taŋklʲʌɪvʲɪs]

areia (f)	smẽlis (v)	['smʲe:lʲɪs]
calcário (m)	kálkinis akmuõ (v)	['kalʲkʲɪnʲɪs ak'mʊɑ]
cascalho (m)	žvỹras (v)	['ʒvʲi:ras]
turfa (f)	dúrpės (m dgs)	['dʊrpʲe:s]
argila (f)	mólis (v)	['molʲɪs]
carvão (m)	anglìs (m)	[ang'lʲɪs]

ferro (m)	geležìs (v)	[gʲɛlʲɛ'ʒʲɪs]
ouro (m)	áuksas (v)	['ɑuksas]
prata (f)	sidábras (v)	[sʲɪ'da:bras]
níquel (m)	nìkelis (v)	['nʲɪkʲɛlʲɪs]
cobre (m)	vãris (v)	['va:rʲɪs]

zinco (m)	cìnkas (v)	['tsʲɪŋkas]
manganês (m)	mangãnas (v)	[man'ga:nas]
mercúrio (m)	gývsidabris (v)	['gʲi:vsʲɪdabrʲɪs]
chumbo (m)	švìnas (v)	['ʃvʲɪnas]

mineral (m)	minerãlas (v)	[mʲɪnʲɛ'ra:lʲas]
cristal (m)	kristãlas (v)	[krʲɪs'ta:lʲas]
mármore (m)	mármuras (v)	['marmʊras]
urânio (m)	urãnas (v)	[ʊ'ra:nas]

85. Tempo

tempo (m)	óras (v)	['oras]
previsão (f) do tempo	óro prognòzė (m)	['orɔ prog'nozʲe:]
temperatura (f)	temperatūrà (m)	[tʲɛmpʲɛratu:'ra]
termômetro (m)	termomètras (v)	[tʲɛrmo'mʲɛtras]
barômetro (m)	baromètras (v)	[baro'mʲɛtras]

úmido (adj)	drégnas	['drʲe:gnas]
umidade (f)	drėgmẽ (m)	[drʲe:g'mʲe:]
calor (m)	kaŕštis (v)	['karʃtʲɪs]
tórrido (adj)	kaŕštas	['karʃtas]
está muito calor	kaŕšta	['karʃta]

| está calor | šìlta | ['ʃɪlʲta] |
| quente (morno) | šìltas | ['ʃɪlʲtas] |

| está frio | šálta | ['ʃalʲta] |
| frio (adj) | šáltas | ['ʃalʲtas] |

sol (m)	sáulė (m)	['sɑulʲe:]
brilhar (vi)	šviẽsti	['ʃvʲɛstʲɪ]
de sol, ensolarado	sauléta	[sɑu'lʲe:ta]
nascer (vi)	pakìlti	[pa'kʲɪlʲtʲɪ]
pôr-se (vr)	léistis	['lʲɛɪstʲɪs]
nuvem (f)	debesìs (v)	[dʲɛbʲɛ'sʲɪs]
nublado (adj)	debesúota	[dʲɛbʲɛ'sʊɑta]

nuvem (f) preta	**debesìs** (v)	[dʲɛbʲɛ'sʲɪs]
escuro, cinzento (adj)	**apsiniáukę**	[apsʲɪ'nʲæʊkʲɛ:]

chuva (f)	**lietùs** (v)	[lʲiɛ'tʊs]
está a chover	**lỹja**	['lʲi:ja]
chuvoso (adj)	**lietìngas**	[lʲiɛ'tʲɪngas]
chuviscar (vi)	**lynóti**	[lʲi:'notʲɪ]

chuva (f) torrencial	**liũtis** (m)	['lʲu:tʲɪs]
aguaceiro (m)	**liũtis** (m)	['lʲu:tʲɪs]
forte (chuva, etc.)	**stiprùs**	[stʲɪp'rʊs]
poça (f)	**balà** (m)	[ba'lʲa]
molhar-se (vr)	**šlàpti**	['ʃlʲaptʲɪ]

nevoeiro (m)	**rũkas** (v)	['ru:kas]
de nevoeiro	**miglótas**	[mʲɪg'lʲotas]
neve (f)	**sniẽgas** (v)	['snʲɛgas]
está nevando	**sniñga**	['snʲɪŋga]

86. Tempo extremo. Catástrofes naturais

trovoada (f)	**perkũnija** (m)	[pʲɛr'ku:nʲɪjɛ]
relâmpago (m)	**žaìbas** (v)	['ʒʌɪbas]
relampejar (vi)	**žaibúoti**	[ʒʌɪ'bʊatʲɪ]

trovão (m)	**griaustìnis** (v)	[grʲɛʊs'tʲɪnʲɪs]
trovejar (vi)	**griáudėti**	['grʲæʊdʲe:tʲɪ]
está trovejando	**griáudėja griaustìnis**	['grʲæʊdʲe:ja grʲɛʊs'tʲɪnʲɪs]

granizo (m)	**krušà** (m)	[krʊ'ʃa]
está caindo granizo	**kriñta krušà**	['krʲɪnta krʊ'ʃa]

inundar (vt)	**užlíeti**	[ʊʒ'lʲiɛtʲɪ]
inundação (f)	**pótvynis** (v)	['potvʲi:nʲɪs]

terremoto (m)	**žẽmės drebéjimas** (v)	['ʒʲæmʲe:s dre'bʲɛjɪmas]
abalo, tremor (m)	**smũgis** (m)	['smu:gʲɪs]
epicentro (m)	**epiceñtras** (v)	[ɛpʲɪ'tsʲɛntras]

erupção (f)	**išsiveržìmas** (v)	[ɪʃʲɪvʲɛr'ʒʲɪmas]
lava (f)	**lavà** (m)	[lʲa'va]

tornado (m)	**víesulas** (v)	['vʲiɛsʊlʲas]
tornado (m)	**tornãdo** (v)	[tor'na:dɔ]
tufão (m)	**taifũnas** (v)	[tʌɪ'fu:nas]

furacão (m)	**uragãnas** (v)	[ʊra'ga:nas]
tempestade (f)	**audrà** (m)	[aʊd'ra]
tsunami (m)	**cunãmis** (v)	[tsʊ'na:mʲɪs]

ciclone (m)	**ciklònas** (v)	[tsʲɪk'lʲonas]
mau tempo (m)	**dárgana** (m)	['dargana]
incêndio (m)	**gaìsras** (v)	['gʌɪsras]
catástrofe (f)	**katastrofà** (m)	[katastro'fa]

meteorito (m)	**meteorìtas** (v)	[mʲɛtʲɛoˈrʲɪtas]
avalanche (f)	**lavinà** (m)	[lʲavʲɪˈna]
deslizamento (m) de neve	**griūtìs** (m)	[grʲuːˈtʲɪs]
nevasca (f)	**pūgà** (m)	[puːˈga]
tempestade (f) de neve	**pūgà** (m)	[puːˈga]

FAUNA

87. Mamíferos. Predadores

predador (m)	**plėšrūnas** (v)	[plʲeːʃruːnas]
tigre (m)	**tìgras** (v)	['tʲɪgras]
leão (m)	**liūtas** (v)	['lʲuːtas]
lobo (m)	**vìlkas** (v)	['vʲɪlʲkas]
raposa (f)	**lãpė** (m)	['lʲaːpʲeː]

jaguar (m)	**jaguãras** (v)	[jagʊ'aːras]
leopardo (m)	**leopárdas** (v)	[lʲɛo'pardas]
chita (f)	**gepárdas** (v)	[gʲɛ'pardas]

pantera (f)	**panterà** (m)	[pantʲɛ'ra]
puma (m)	**pumà** (m)	[pʊ'ma]
leopardo-das-neves (m)	**sniegìnis leopárdas** (v)	[snʲiɛ'gʲɪnʲɪs lʲɛo'pardas]
lince (m)	**lūšis** (m)	['lʲuːʃɪs]

coiote (m)	**kojòtas** (v)	[kɔ'jɔ tas]
chacal (m)	**šakãlas** (v)	[ʃa'kaːlʲas]
hiena (f)	**hienà** (m)	[ɣʲiɛ'na]

88. Animais selvagens

animal (m)	**gyvūnas** (v)	[gʲiː'vuːnas]
besta (f)	**žvėrìs** (v)	[ʒvʲeː'rʲɪs]

esquilo (m)	**voverė** (m)	[vove'rʲeː]
ouriço (m)	**ežỹs** (v)	[ɛʒʲiːs]
lebre (f)	**kìškis, zuĩkis** (v)	['kʲɪʃkʲɪs], ['zʊɪkʲɪs]
coelho (m)	**triùšis** (v)	['trʲʊʃɪs]

texugo (m)	**barsùkas** (v)	[bar'sʊkas]
guaxinim (m)	**meškénas** (v)	[mʲɛʃkʲe:nas]
hamster (m)	**žiurkénas** (v)	[ʒʲʊr'kʲe:nas]
marmota (f)	**švilpìkas** (v)	[ʃvʲɪlʲˈpʲɪkas]

toupeira (f)	**kùrmis** (v)	['kʊrmʲɪs]
rato (m)	**pelė** (m)	[pʲɛ'lʲeː]
ratazana (f)	**žiùrkė** (m)	['ʒʲʊrkʲe:]
morcego (m)	**šikšnósparnis** (v)	[ʃɪkʃ'nosparnʲɪs]

arminho (m)	**šermuonėlis** (v)	[ʃermʊɑ'nʲe:lʲɪs]
zibelina (f)	**sãbalas** (v)	['sa:balʲas]
marta (f)	**kiáunė** (m)	['kʲæʊnʲe:]
doninha (f)	**žebenkštìs** (m)	[ʒʲɛbʲɛŋkʃ'tʲɪs]
visom (m)	**audìnė** (m)	[ɑʊ'dʲɪnʲe:]

castor (m)	b̃ebras (v)	['bⁱæbras]
lontra (f)	ū́dra (m)	['u:dra]
cavalo (m)	arklȳs (v)	[ark'lⁱi:s]
alce (m)	bríedis (v)	['brⁱɛdⁱɪs]
veado (m)	élnias (v)	['ɛlⁱnæs]
camelo (m)	kupranugãris (v)	[kʊpranu'ga:rⁱɪs]
bisão (m)	bizònas (v)	[bⁱɪ'zonas]
auroque (m)	stum̃bras (v)	['stʊmbras]
búfalo (m)	bùivolas (v)	['bʊivolⁱas]
zebra (f)	zèbras (v)	['zⁱɛbras]
antílope (m)	antilòpė (m)	[antⁱɪ'lⁱopⁱe:]
corça (f)	stìrna (m)	['stⁱɪrna]
gamo (m)	danielius (v)	[da'nⁱɛlⁱʊs]
camurça (f)	gemzė́ (m)	['gⁱɛmzⁱe:]
javali (m)	šérnas (v)	['ʃⁱɛrnas]
baleia (f)	bangìnis (v)	[ban'gⁱɪnⁱɪs]
foca (f)	rúonis (v)	['rʊɑnⁱɪs]
morsa (f)	vėplȳs (v)	[vⁱe:p'lⁱi:s]
urso-marinho (m)	kòtikas (v)	['kotⁱɪkas]
golfinho (m)	delfìnas (v)	[dⁱɛlⁱ'fⁱɪnas]
urso (m)	lokȳs (v), meška (m)	[lⁱo'kⁱi:s], [mⁱɛʃ'ka]
urso (m) polar	baltàsis lokȳs (v)	[balⁱ'tasⁱɪs lⁱo'kⁱi:s]
panda (m)	pánda (m)	['panda]
macaco (m)	bèždžiõnė (m)	[bⁱɛʒ'dʒⁱo:nⁱe:]
chimpanzé (m)	šimpánzé (m)	[ʃⁱɪm'panzⁱe:]
orangotango (m)	orangutángas (v)	[orangu'tangas]
gorila (m)	gorìla (m)	[gorⁱɪ'lⁱa]
macaco (m)	makakà (m)	[maka'ka]
gibão (m)	gibònas (v)	[gⁱɪ'bonas]
elefante (m)	dramblȳs (v)	[dram'blⁱi:s]
rinoceronte (m)	raganòsis (v)	[raga'no:sⁱɪs]
girafa (f)	žirafà (m)	[ʒⁱɪra'fa]
hipopótamo (m)	begemòtas (v)	[bⁱɛgⁱɛ'motas]
canguru (m)	kengū̀ra (m)	[kⁱɛn'gu:'ra]
coala (m)	koalà (m)	[koa'lⁱa]
mangusto (m)	mangustà (m)	[mangʊs'ta]
chinchila (f)	šinšilà (m)	[ʃⁱɪnʃⁱɪ'lⁱa]
cangambá (f)	skùnkas (v)	['skʊŋkas]
porco-espinho (m)	dygliuotis (v)	[dⁱi:g'lⁱʊotⁱɪs]

89. Animais domésticos

gata (f)	katė̀ (m)	[ka'tⁱe:]
gato (m) macho	kãtinas (v)	['ka:tⁱɪnas]
cão (m)	šuõ (v)	['ʃʊɑ]

cavalo (m)	arklỹs (v)	[ark'lʲiːs]
garanhão (m)	eřžilas (v)	['ɛrʒʲɪlʲas]
égua (f)	kumēlė (m)	[kʊ'mʲælʲeː]

vaca (f)	kárvė (m)	['karvʲeː]
touro (m)	bùlius (v)	['bʊlʲʊs]
boi (m)	jáutis (v)	['jɑʊtʲɪs]

ovelha (f)	avìs (m)	[a'vʲɪs]
carneiro (m)	ãvinas (v)	['aːvʲɪnas]
cabra (f)	ožkà (m)	[oʒ'ka]
bode (m)	ožỹs (v)	[o'ʒʲiːs]

burro (m)	ãsilas (v)	['aːsʲɪlʲas]
mula (f)	mùlas (v)	['mʊlʲas]

porco (m)	kiaũlė (m)	['kʲɛʊlʲeː]
leitão (m)	paršẽlis (v)	[par'ʃælʲɪs]
coelho (m)	triùšis (v)	['trʲʊʃɪs]

galinha (f)	vištà (m)	[vʲɪʃ'ta]
galo (m)	gaidỹs (v)	[gʌɪ'dʲiːs]

pata (f), pato (m)	ántis (m)	['antʲɪs]
pato (m)	ãntinas (v)	['antʲɪnas]
ganso (m)	žąsinas (v)	['ʒaːsʲɪnas]

peru (m)	kalakùtas (v)	[kalʲa'kʊtas]
perua (f)	kalakùtė (m)	[kalʲa'kʊtʲeː]

animais (m pl) domésticos	namìniai gyvũnai (v dgs)	[na'mʲɪnʲɛɪ gʲiː'vuːnʌɪ]
domesticado (adj)	prijaukìntas	[prʲɪjɛʊ'kʲɪntas]
domesticar (vt)	prijaukìnti	[prʲɪjɛʊ'kʲɪntʲɪ]
criar (vt)	augìnti	[ɑʊ'gʲɪntʲɪ]

fazenda (f)	fèrma (m)	['fʲɛrma]
aves (f pl) domésticas	namìnis paũkštis (v)	[na'mʲɪnʲɪs 'pɑʊkʃtʲɪs]
gado (m)	galvìjas (v)	[gal'vʲɪjɛs]
rebanho (m), manada (f)	bandà (m)	[ban'da]

estábulo (m)	arklìdė (m)	[ark'lʲɪdʲeː]
chiqueiro (m)	kiaulìdė (m)	[kʲɛʊ'lʲɪdʲeː]
estábulo (m)	karvìdė (m)	[kar'vʲɪdʲeː]
coelheira (f)	triušìdė (m)	[trʲʊ'ʃɪdʲeː]
galinheiro (m)	vištìdė (m)	[vʲɪʃ'tʲɪdʲeː]

90. Pássaros

pássaro (m), ave (f)	paũkštis (v)	['pɑʊkʃtʲɪs]
pombo (m)	balañdis (v)	[ba'lʲandʲɪs]
pardal (m)	žvìrblis (v)	['ʒvʲɪrblʲɪs]
chapim-real (m)	zýlė (m)	['zʲiːlʲeː]
pega-rabuda (f)	šárka (m)	['ʃarka]
corvo (m)	vãrnas (v)	['varnas]

gralha-cinzenta (f)	várna (m)	['varna]
gralha-de-nuca-cinzenta (f)	kúosa (m)	['kʋɑsa]
gralha-calva (f)	kovas (v)	[kɔ'vas]
pato (m)	ántis (m)	['antʲɪs]
ganso (m)	žąsinas (v)	['ʒaːsʲɪnas]
faisão (m)	fazãnas (v)	[fa'zaːnas]
águia (f)	erēlis (v)	[ɛ'rʲælʲɪs]
açor (m)	vãnagas (v)	['vaːnagas]
falcão (m)	sãkalas (v)	['sa:kalʲas]
abutre (m)	grìfas (v)	['grʲɪfas]
condor (m)	kondòras (v)	[kɔn'doras]
cisne (m)	gulbè (m)	['gʋlʲbʲeː]
grou (m)	gérvè (m)	['gʲɛrvʲeː]
cegonha (f)	gandras (v)	['gandras]
papagaio (m)	papūgà (m)	[papu:'ga]
beija-flor (m)	kolìbris (v)	[kɔ'lʲɪbrʲɪs]
pavão (m)	póvas (v)	['povas]
avestruz (m)	strùtis (v)	['strʋtʲɪs]
garça (f)	garnỹs (v)	[gar'nʲiːs]
flamingo (m)	flamìngas (v)	[flʲa'mʲɪngas]
pelicano (m)	pelikãnas (v)	[pʲɛlʲɪ'ka:nas]
rouxinol (m)	lakštìngala (m)	[lʲakʃ'tʲɪngalʲa]
andorinha (f)	kregždě (m)	[krʲɛgʒ'dʲeː]
tordo-zornal (m)	strãzdas (v)	['stra:zdas]
tordo-músico (m)	strãzdas giesminiñkas (v)	['stra:zdas gʲiɛsmʲɪ'nʲɪŋkas]
melro-preto (m)	juodàsis strãzdas (v)	[jʋɑ'dasʲɪs s'tra:zdas]
andorinhão (m)	čiurlỹs (v)	[tʂʲʋr'lʲiːs]
cotovia (f)	vyturỹs, vieversỹs (v)	[vʲiːtʋ'rʲiːs], [vʲiɛvɛr'sʲiːs]
codorna (f)	putpelè (m)	['pʋtpelʲeː]
pica-pau (m)	genỹs (v)	[gʲɛ'nʲiːs]
cuco (m)	gegutè (m)	[gʲɛ'gʋtʲeː]
coruja (f)	peléda (v)	[pʲɛ'lʲeːda]
bufo-real (m)	apúokas (v)	[a'pʋɑkas]
tetraz-grande (m)	kurtinỹs (v)	[kʋrtʲɪ'nʲiːs]
tetraz-lira (m)	tétervinas (v)	['tʲætʲɛrvʲɪnas]
perdiz-cinzenta (f)	kurapkà (m)	[kʋrap'ka]
estorninho (m)	varnénas (v)	[var'nʲeːnas]
canário (m)	kanarēlé (m)	[kana'rʲeːlʲeː]
galinha-do-mato (f)	jerubě (m)	[jerʋ'bʲeː]
tentilhão (m)	kikìlis (v)	[kʲɪ'kʲɪlʲɪs]
dom-fafe (m)	sniēgena (m)	['snʲɛgʲɛna]
gaivota (f)	žuvédra (m)	[ʒʋ'vʲeːdra]
albatroz (m)	albatròsas (v)	[alʲba't'rosas]
pinguim (m)	pingvìnas (v)	[pʲɪng'vʲɪnas]

91. Peixes. Animais marinhos

brema (f)	karšis (v)	['karʃɪs]
carpa (f)	kárpis (v)	['karpʲɪs]
perca (f)	ešerys (v)	[ɛʃɛ'rʲiːs]
siluro (m)	šãmas (v)	['ʃaːmas]
lúcio (m)	lydekà (m)	[lʲiːdʲɛ'ka]

| salmão (m) | lašišà (m) | [lʲaʃɪ'ʃa] |
| esturjão (m) | erškétas (v) | [erʃ'kʲeːtas] |

arenque (m)	sílkė (m)	['sʲɪlʲkʲeː]
salmão (m) do Atlântico	lašišà (m)	[lʲaʃɪ'ʃa]
cavala, sarda (f)	skùmbrė (m)	['skumbrʲeː]
solha (f), linguado (m)	plẽkšnė (m)	['plʲækʃnʲeː]

lúcio perca (m)	starkis (v)	['starkʲɪs]
bacalhau (m)	ménkė (m)	['mʲɛŋkʲeː]
atum (m)	tùnas (v)	['tunas]
truta (f)	upétakis (v)	[u'pʲeːtakʲɪs]

enguia (f)	ungurys (v)	[ungu'rʲiːs]
raia (f) elétrica	elektrinė rajà (m)	[ɛlʲɛk'trɪnʲe: ra'ja]
moreia (f)	murénà (m)	[murʲɛ'na]
piranha (f)	pirãnija (m)	[pʲɪ'ra:nʲɪjɛ]

tubarão (m)	ryklỹs (v)	[rʲɪk'lʲiːs]
golfinho (m)	delfinas (v)	[dʲɛlʲ'fɪnas]
baleia (f)	bangìnis (v)	[ban'gʲɪnʲɪs]

caranguejo (m)	krãbas (v)	['kra:bas]
água-viva (f)	medūzà (m)	[mʲɛdu:'za]
polvo (m)	aštuonkõjis (v)	[aʃtuɑŋ'ko:jis]

estrela-do-mar (f)	jũros žvaigždė̃ (m)	['ju:ros ʒvʌɪgʒ'dʲe:]
ouriço-do-mar (m)	jũros ežỹs (v)	['ju:ros ɛ'ʒʲi:s]
cavalo-marinho (m)	jũros arkliùkas (v)	['ju:ros ark'lʲukas]

ostra (f)	áustrė (m)	['ɑustrʲe:]
camarão (m)	krevétė (m)	[krʲɛ'vʲɛtʲe:]
lagosta (f)	omãras (v)	[o'ma:ras]
lagosta (f)	langùstas (v)	[lʲan'gustas]

92. Anfíbios. Répteis

| cobra (f) | gyvãtė (m) | [gʲiː'va:tʲe:] |
| venenoso (adj) | nuodìngas | [nuɑ'dʲɪngas] |

víbora (f)	angìs (v)	[an'gʲɪs]
naja (f)	kobrà (m)	[kɔb'ra]
píton (m)	pitònas (v)	[pʲɪ'tonas]
jiboia (f)	smauglỹs (v)	[smɑug'lʲiːs]
cobra-de-água (f)	žaltỹs (v)	[ʒalʲ'tʲiːs]

cascavel (f)	barškuõlė (m)	[barʃˈkʊalʲeː]
anaconda (f)	anakònda (m)	[anaˈkonda]
lagarto (m)	dríežas (v)	[ˈdrʲiɛʒas]
iguana (f)	iguanà (m)	[ɪgʊaˈna]
varano (m)	varãnas (v)	[vaˈraːnas]
salamandra (f)	salamándra (m)	[salʲaˈmandra]
camaleão (m)	chameleònas (v)	[xamʲɛlʲɛˈonas]
escorpião (m)	skorpiònas (v)	[skorpʲɪˈɔnas]
tartaruga (f)	vėžlỹs (v)	[vʲeːʒˈlʲiːs]
rã (f)	varlė̃ (m)	[varˈlʲeː]
sapo (m)	rùpūžė (m)	[ˈrʊpuːʒeː]
crocodilo (m)	krokodìlas (v)	[krokoˈdɪlʲas]

93. Insetos

inseto (m)	vabzdỹs (v)	[vabzˈdʲiːs]
borboleta (f)	drugèlis (v)	[drʊˈgʲælʲɪs]
formiga (f)	skruzdėlė (m)	[skrʊzˈdʲælʲeː]
mosca (f)	mùsė (m)	[ˈmʊsʲeː]
mosquito (m)	úodas (v)	[ˈʊadas]
escaravelho (m)	vãbalas (v)	[ˈvaːbalʲas]
vespa (f)	vapsvà (m)	[vapsˈva]
abelha (f)	bìtė (m)	[ˈbʲɪtʲeː]
mamangaba (f)	kamãnė (m)	[kaˈmaːnʲeː]
moscardo (m)	gylỹs (v)	[gʲiːˈlʲiːs]
aranha (f)	vóras (v)	[ˈvoras]
teia (f) de aranha	vorãtinklis (v)	[voˈraːtʲɪŋklʲɪs]
libélula (f)	laũmžirgis (v)	[ˈlʲaʊmʒɪrgʲɪs]
gafanhoto (m)	žiõgas (v)	[ˈʒʲogas]
traça (f)	petelìškė (m)	[pʲɛtʲɛˈlʲɪʃkʲeː]
barata (f)	tarakõnas (v)	[taraˈkoːnas]
carrapato (m)	érkė (m)	[ˈærkʲeː]
pulga (f)	blusà (m)	[blʊˈsa]
borrachudo (m)	mãšalas (v)	[ˈmaːʃalʲas]
gafanhoto (m)	skėrỹs (v)	[skʲeːˈrʲiːs]
caracol (m)	sraĩgė (m)	[ˈsrʌɪgʲeː]
grilo (m)	svirplỹs (v)	[svʲɪrpˈlʲiːs]
pirilampo, vaga-lume (m)	jõnvabalis (v)	[ˈjɔːnvabalʲɪs]
joaninha (f)	boružė (m)	[boˈrʊʒʲeː]
besouro (m)	grambuolỹs (v)	[grambʊaˈlʲiːs]
sanguessuga (f)	dėlė̃ (m)	[dʲeːˈlʲeː]
lagarta (f)	vìkšras (v)	[ˈvʲɪkʃras]
minhoca (f)	slíekas (v)	[ˈslʲiɛkas]
larva (f)	kirmėlė (m)	[kʲɪrmeˈlʲeː]

FLORA

94. Árvores

árvore (f)	mẽdis (v)	['mʲædʲɪs]
decídua (adj)	lapuõtis	[lʲapʊ'atʲɪs]
conífera (adj)	spygliuõtis	[spʲi:g'lʲʊo:tʲɪs]
perene (adj)	vìsžalis	['vʲɪsʒalʲɪs]

macieira (f)	obelìs (m)	[obʲɛ'lʲɪs]
pereira (f)	kriáušė (m)	['krʲæʊʃe:]
cerejeira (f)	trẽšnė (m)	['trʲæʃnʲe:]
ginjeira (f)	vyšnia (m)	[vʲi:ʃnʲæ]
ameixeira (f)	slyvà (m)	[slʲi:'va]

bétula (f)	béržas (v)	['bʲɛrʒas]
carvalho (m)	ầžuolas (v)	['a:ʒʊalʲas]
tília (f)	lìepa (m)	['lʲiɛpa]
choupo-tremedor (m)	drebulẽ (m)	[drebʊ'lʲe:]
bordo (m)	klẽvas (v)	['klʲævas]
espruce (m)	ẽglė (m)	['ʲæglʲe:]
pinheiro (m)	pušìs (m)	[pʊ'ʃɪs]
alerce, lariço (m)	maũmedis (v)	['maʊmʲɛdʲɪs]
abeto (m)	kẽnis (v)	['kʲe:nʲɪs]
cedro (m)	kèdras (v)	['kʲɛdras]

choupo, álamo (m)	túopa (m)	['tʊapa]
tramazeira (f)	šermùkšnis (v)	[ʃɛr'mʊkʃnʲɪs]
salgueiro (m)	glúosnis (v)	['glʲʊasnʲɪs]
amieiro (m)	ằksnis (v)	['alʲksnʲɪs]
faia (f)	bùkas (v)	['bʊkas]
ulmeiro, olmo (m)	gúoba (m)	['gʊaba]
freixo (m)	úosis (v)	['ʊasʲɪs]
castanheiro (m)	kaštõnas (v)	[kaʃ'to:nas]

magnólia (f)	magnòlija (m)	[mag'nolʲɪjɛ]
palmeira (f)	pálmė (m)	['palʲmʲe:]
cipreste (m)	kiparìsas (v)	[kʲɪpa'rʲɪsas]

mangue (m)	mañgro mẽdis (v)	['mañgrɔ 'mʲædʲɪs]
embondeiro, baobá (m)	baobãbas (v)	[bao'ba:bas]
eucalipto (m)	eukalìptas (v)	[ɛʊka'lʲɪptas]
sequoia (f)	sekvojà (m)	[sʲɛkvo:'jɛ]

95. Arbustos

arbusto (m)	krũmas (v)	['kru:mas]
arbusto (m), moita (f)	krūmýnas (v)	[kru:'mʲi:nas]

| videira (f) | vynuogýnas (v) | [vʲiːnʊɑ'gʲiːnas] |
| vinhedo (m) | vynuogýnas (v) | [vʲiːnʊɑ'gʲiːnas] |

framboeseira (f)	aviẽtė (m)	[a'vʲɛtʲeː]
groselheira-vermelha (f)	raudonàsis serbeñtas (v)	[raʊdo'nasʲɪs sʲɛr'bʲɛntas]
groselheira (f) espinhosa	agrãstas (v)	[ag'raːstas]

acácia (f)	akãcija (m)	[a'kaːtsʲɪjɛ]
bérberis (f)	raugeȓškis (m)	[raʊ'gʲɛrʃkʲɪs]
jasmim (m)	jazmìnas (v)	[jaz'mʲɪnas]

junípero (m)	kadagỹs (v)	[kada'gʲiːs]
roseira (f)	rõžių krũmas (v)	['roːʒʲu: 'kru:mas]
roseira (f) brava	erškėtis (v)	[erʃ'kʲeːtʲɪs]

96. Frutos. Bagas

fruta (f)	vaĩsius (v)	['vʌɪsʲʊs]
frutas (f pl)	vaĩsiai (v dgs)	['vʌɪsʲɛɪ]
maçã (f)	obuolỹs (v)	[obʊɑ'lʲiːs]
pera (f)	kriáušė (m)	['krʲæʊʃʲeː]
ameixa (f)	slyvà (m)	[slʲiː'va]

morango (m)	brãškė (m)	['braːʃkʲeː]
ginja (f)	vyšnià (m)	[vʲiːʃnʲæ]
cereja (f)	trẽšnė (m)	['trʲæʃnʲeː]
uva (f)	vỹnuogės (m dgs)	['vʲiːnʊagʲeːs]

framboesa (f)	aviẽtė (m)	[a'vʲɛtʲeː]
groselha (f) negra	juodíeji serbeñtai (v dgs)	[jʊɑ'dʲiɛjɪ sʲɛr'bʲɛntʌɪ]
groselha (f) vermelha	raudoníeji serbeñtai (v dgs)	[raʊdo'nʲɛjɪ sʲɛr'bʲɛntʌɪ]

| groselha (f) espinhosa | agrãstas (v) | [ag'raːstas] |
| oxicoco (m) | spanguolė (m) | ['spaŋgʊalʲeː] |

laranja (f)	apelsìnas (v)	[apʲɛlʲ's'ɪnas]
tangerina (f)	mandarìnas (v)	[manda'rʲɪnas]
abacaxi (m)	ananãsas (v)	[ana'na:sas]

| banana (f) | banãnas (v) | [ba'na:nas] |
| tâmara (f) | datùlė (m) | [da'tʊlʲeː] |

limão (m)	citrinà (m)	[tsʲɪtrʲɪ'na]
damasco (m)	abrikòsas (v)	[abrʲɪ'kosas]
pêssego (m)	pèrsikas (v)	['pʲɛrsʲɪkas]

| quiuí (m) | kìvis (v) | ['kʲɪvʲɪs] |
| toranja (f) | greĩpfrutas (v) | ['grʲɛɪpfrʊtas] |

baga (f)	úoga (m)	['ʊaga]
bagas (f pl)	úogos (m dgs)	['ʊagos]
arando (m) vermelho	bruknės (m dgs)	['brʊknʲeːs]
morango-silvestre (m)	žėmuogės (m dgs)	['ʒʲæmʊagʲeːs]
mirtilo (m)	mėlynės (m dgs)	[mʲeː'lʲiːnʲeːs]

97. Flores. Plantas

flor (f)	gėlė (m)	[gʲe:ˈlʲe:]
buquê (m) de flores	púokštė (m)	[ˈpuɑkʃtʲe:]

rosa (f)	rõžė (m)	[ˈro:ʒʲe:]
tulipa (f)	tùlpė (m)	[ˈtʊlʲpʲe:]
cravo (m)	gvazdikas (v)	[gvazˈdʲɪkas]
gladíolo (m)	kardēlis (v)	[karˈdʲælʲɪs]

centáurea (f)	rùgiagėlė (m)	[ˈrʊgʲægʲe:ˈlʲe:]
campainha (f)	varpēlis (v)	[varˈpʲælʲɪs]
dente-de-leão (m)	piēnė (m)	[ˈpʲɛnʲe:]
camomila (f)	ramùnė (m)	[raˈmʊnʲe:]

aloé (m)	alijõšius (v)	[alʲɪˈjɔːʃʊs]
cacto (m)	kāktusas (v)	[ˈkaːktʊsas]
fícus (m)	fikusas (v)	[ˈfʲɪkʊsas]

lírio (m)	lelijà (m)	[lʲɛlʲɪˈja]
gerânio (m)	pelargònija (m)	[pʲɛlʲarˈgonʲɪjɛ]
jacinto (m)	hiacìntas (v)	[ɣʲɪjaˈtsʲɪntas]

mimosa (f)	mimozà (m)	[mʲɪmoˈza]
narciso (m)	narcìzas (v)	[narˈtsʲɪzas]
capuchinha (f)	nastùrta (m)	[nasˈtʊrta]

orquídea (f)	orchidéja (m)	[orxʲɪˈdʲe:ja]
peônia (f)	bijūnas (v)	[bʲɪˈju:nas]
violeta (f)	našlaitė (m)	[naʃˈlʲɪʌɪtʲe:]

amor-perfeito (m)	darželinė našláitė (m)	[darˈʒʲælʲɪnʲe: naʃˈlʌɪtʲe:]
não-me-esqueças (m)	neužmirštuõlė (m)	[nʲɛʊʒmʲɪrʃˈtuɑlʲe:]
margarida (f)	saulùtė (m)	[sɑʊˈlʲʊtʲe:]

papoula (f)	aguonà (m)	[agʊɑˈna]
cânhamo (m)	kanãpė (m)	[kaˈna:pʲe:]
hortelã, menta (f)	métà (m)	[mʲe:ˈta]

lírio-do-vale (m)	pakalnùtė (m)	[pakalʲˈnʊtʲe:]
campânula-branca (f)	sniēgena (m)	[ˈsnʲɛgʲena]

urtiga (f)	dilgēlė (m)	[dʲɪlʲˈgʲælʲe:]
azedinha (f)	rūgštýnė (m)	[ru:gʃˈtʲi:nʲe:]
nenúfar (m)	vandeñs lelijà (m)	[vanˈdɛns lʲɛlʲɪˈja]
samambaia (f)	papartis (v)	[paˈpartʲɪs]
líquen (m)	kérpė (m)	[ˈkʲɛrpʲe:]

estufa (f)	oranžèrija (m)	[oranˈʒʲɛrʲɪjɛ]
gramado (m)	gazònas (v)	[gaˈzonas]
canteiro (m) de flores	klòmba (m)	[ˈklʲomba]

planta (f)	áugalas (v)	[ˈɑʊgalʲas]
grama (f)	žolė (m)	[ʒoˈlʲe:]
folha (f) de grama	žolēlė (m)	[ʒoˈlʲælʲe:]

folha (f)	lãpas (v)	['lʲa:pas]
pétala (f)	žíedlapis (v)	['ʒʲɛdlʲapʲɪs]
talo (m)	stíebas (v)	['stʲiɛbas]
tubérculo (m)	gumbas (v)	['gʊmbas]

| broto, rebento (m) | želmuõ (v) | [ʒʲɛlʲ'mʊɑ] |
| espinho (m) | spyglỹs (v) | [spʲi:g'lʲi:s] |

florescer (vi)	žydéti	[ʒʲi:'dʲe:tʲɪ]
murchar (vi)	výsti	['vʲi:stʲɪ]
cheiro (m)	kvãpas (v)	['kva:pas]
cortar (flores)	nupjáuti	[nʊ'pjɑʊtʲɪ]
colher (uma flor)	nuskìnti	[nʊ'skʲɪntʲɪ]

98. Cereais, grãos

grão (m)	grũdas (v)	['gru:das]
cereais (plantas)	grũdinės kultũros (m dgs)	[gru:'dʲɪnʲe:s kʊlʲ'tu:ros]
espiga (f)	várpa (m)	['varpa]

trigo (m)	kviečiaĩ (v dgs)	[kvʲiɛ'tʂʲɛɪ]
centeio (m)	rugiaĩ (v dgs)	[rʊ'gʲɛɪ]
aveia (f)	ãvižos (m dgs)	['a:vʲɪʒos]
painço (m)	sóra (m)	['sora]
cevada (f)	miẽžiai (v dgs)	['mʲɛʒʲɛɪ]

milho (m)	kukurũzas (v)	[kʊkʊ'ru:zas]
arroz (m)	rỹžiai (v)	['rʲi:ʒʲɛɪ]
trigo-sarraceno (m)	grìkiai (v dgs)	['grʲɪkʲɛɪ]

ervilha (f)	žìrniai (v dgs)	['ʒʲɪrnʲɛɪ]
feijão (m) roxo	pupẽlės (m dgs)	[pʊ'pʲælʲe:s]
soja (f)	sojà (m)	[so:'jɛ]
lentilha (f)	lęšiai (v dgs)	['lʲɛ:ʃɛɪ]
feijão (m)	pùpos (m dgs)	['pʊpos]

PAÍSES DO MUNDO

99. Países. Parte 1

Afeganistão (m)	Afganistānas (v)	[afganʲɪˈsta:nas]
África (f) do Sul	Pietų āfrikos respùblika (m)	[pʲiɛˈtu: 'a:frʲɪkos rʲɛsˈpʊblʲɪka]
Albânia (f)	Albānija (m)	[alʲˈba:nʲɪjɛ]
Alemanha (f)	Vokietija (m)	[vokʲiɛˈtʲɪja]
Arábia (f) Saudita	Saūdo Arābija (m)	[saˈʊdɔ aˈra:bʲɪjɛ]
Argentina (f)	Argentina (m)	[argʲɛntʲɪˈna]
Armênia (f)	Arménija (m)	[arˈmʲeːnʲɪjɛ]

Austrália (f)	Austrālija (m)	[ɑʊsˈtra:lʲɪjɛ]
Áustria (f)	Aùstrija (m)	[ˈɑʊstrʲɪjɛ]
Azerbaijão (m)	Azerbaidžānas (v)	[azʲɛrbʌɪˈdʒa:nas]
Bahamas (f pl)	Bahāmų salôs (m dgs)	[baˈɣamu: 'salʲo:s]
Bangladesh (m)	Bangladèšas (v)	[banglʲaˈdʲɛʃas]
Bélgica (f)	Bèlgija (m)	[ˈbʲɛlʲgʲɪjɛ]
Belarus	Baltarùsija (m)	[balʲtaˈrʊsʲɪjɛ]

Bolívia (f)	Bolìvija (m)	[boˈlʲɪvʲɪjɛ]
Bósnia e Herzegovina (f)	Bòsnija ĩr Hercegovinà (m)	[ˈbosnʲɪja ir ɣʲɛrtsʲɛgovʲɪˈna]
Brasil (m)	Brazìlija (m)	[braˈzʲɪlʲɪjɛ]
Bulgária (f)	Bulgārija (m)	[bʊlʲˈga:rʲɪjɛ]
Camboja (f)	Kambodžà (m)	[kamboˈdʒa]
Canadá (m)	Kanadà (m)	[kanaˈda]
Cazaquistão (m)	Kazāchija (m)	[kaˈza:xʲɪjɛ]

Chile (m)	Čìlė (m)	[ˈtʃʲɪlʲeː]
China (f)	Kìnija (m)	[ˈkʲɪnʲɪjɛ]
Chipre (m)	Kìpras (v)	[ˈkʲɪpras]
Colômbia (f)	Kolùmbija (m)	[kɔˈlʲʊmbʲɪjɛ]
Coreia (f) do Norte	Šiáurės Koréja (m)	[ˈʃæʊrʲe:s koˈrʲe:ja]
Coreia (f) do Sul	Pietų Koréja (m)	[pʲiɛˈtu: koˈrʲe:ja]
Croácia (f)	Kroātija (m)	[kroˈa:tʲɪjɛ]

Cuba (f)	Kubà (m)	[kʊˈba]
Dinamarca (f)	Dānija (m)	[ˈda:nʲɪjɛ]
Egito (m)	Egìptas (v)	[ɛˈgʲɪptas]
Emirados Árabes Unidos	Jungtìniai Arābų Emìratai (v dgs)	[jʊŋkˈtʲɪnʲɛɪ aˈra:bu: ɛmʲɪratʌɪ]
Equador (m)	Ekvadòras (v)	[ɛkvaˈdoras]
Escócia (f)	Škòtija (m)	[ˈʃkotʲɪjɛ]

Eslováquia (f)	Slovākija (m)	[slʲoˈva:kʲɪjɛ]
Eslovénia (f)	Slovénija (m)	[slʲoˈvʲeːnʲɪjɛ]
Espanha (f)	Ispānija (m)	[ɪsˈpa:nʲɪjɛ]
Estados Unidos da América	Jungtìnės Amèrikos Valstìjos (m dgs)	[jʊŋkˈtʲɪnʲe:s aˈmʲɛrʲɪkos valʲsˈtʲɪjɔs]
Estônia (f)	Èstija (m)	[ˈɛstʲɪjɛ]

| Finlândia (f) | Súomija (m) | ['svɑmʲɪjɛ] |
| França (f) | Prancūzija (m) | [prantsu:zʲɪ'ja] |

100. Países. Parte 2

Gana (f)	Ganà (m)	[ga'na]
Geórgia (f)	Grùzija (m)	['gruzʲɪjɛ]
Grã-Bretanha (f)	Didžióji Britãnija (m)	[dʲɪ'dʒʲo:jɪ brʲɪ'ta:nʲɪjɛ]
Grécia (f)	Graĩkija (m)	['grʌɪkʲɪjɛ]
Haiti (m)	Haĩtis (v)	[ɣʌ'ɪtʲɪs]
Hungria (f)	Veñgrija (m)	['vʲɛŋgrʲɪjɛ]
Índia (f)	Ìndija (m)	['ɪndʲɪjɛ]

Indonésia (f)	Indonezijà (m)	[ɪndonʲɛzʲɪ'ja]
Inglaterra (f)	Ánglija (m)	['anglʲɪjɛ]
Irã (m)	Irãnas (v)	[ɪ'ra:nas]
Iraque (m)	Irãkas (v)	[ɪ'ra:kas]
Irlanda (f)	Aĩrija (m)	['ʌɪrʲɪjɛ]
Islândia (f)	Islándija (m)	[ɪs'lʲandʲɪjɛ]
Israel (m)	Izraèlis (v)	[ɪzra'ʲɛlʲɪs]

Itália (f)	Itãlija (m)	[ɪ'ta:lʲɪjɛ]
Jamaica (f)	Jamaĩka (m)	[ja'mʌɪka]
Japão (m)	Japònija (m)	[ja'ponʲɪjɛ]
Jordânia (f)	Jordãnija (m)	[jɔr'da:nʲɪjɛ]
Kuwait (m)	Kuveĩtas (v)	[kʊ'vʲɛɪtas]

| Laos (m) | Laòsas (v) | [lʲa'osas] |
| Letônia (f) | Lãtvija (m) | ['lʲa:tvʲɪjɛ] |

Líbano (m)	Libãnas (v)	[lʲɪ'banas]
Líbia (f)	Lìbija (m)	['lʲɪbʲɪjɛ]
Liechtenstein (m)	Lìchtenšteinas (v)	['lʲɪxtʲɛnʃtʲɛɪnas]
Lituânia (f)	Lietuvà (m)	[lʲiɛtu'va]
Luxemburgo (m)	Liùksemburgas (v)	['lʲʊksʲɛmbʊrgas]

| Macedônia (f) | Makedònija (m) | [makʲɛ'donʲɪjɛ] |
| Madagascar (m) | Madagaskãras (v) | [madagas'ka:ras] |

Malásia (f)	Malaĩzija (m)	[ma'lʲʌɪzʲɪjɛ]
Malta (f)	Málta (m)	['malʲta]
Marrocos	Maròkas (v)	[ma'rokas]
México (m)	Mèksika (m)	['mʲɛksʲɪka]
Birmânia (f)	Mianmãras (v)	[mʲæn'ma:ras]

| Moldávia (f) | Moldãvija (m) | [molʲ'da:vʲɪjɛ] |
| Mônaco (m) | Mònakas (v) | ['monakas] |

Mongólia (f)	Mongòlija (m)	[mon'golʲɪjɛ]
Montenegro (m)	Juodkalnijà (m)	[jʊɑdkalʲnʲɪ'ja]
Namíbia (f)	Namìbija (m)	[na'mʲɪbʲɪjɛ]
Nepal (m)	Nepãlas (v)	[nʲɛ'pa:lʲas]
Noruega (f)	Norvègija (m)	[nor'vʲɛgʲɪjɛ]
Nova Zelândia (f)	Naujóji Zelándija (m)	[nɑʊ'jo:jɪ zʲɛ'lʲandʲɪjɛ]

101. Países. Parte 3

Países Baixos (m pl)	Nyderlandai (v dgs)	['nʲiːdʲɛrlʲandʌɪ]
Palestina (f)	Palestìna (m)	[palʲɛsˈtʲɪna]
Panamá (m)	Panamà (m)	[panaˈma]
Paquistão (m)	Pakistānas (v)	[pakʲɪˈstaːnas]
Paraguai (m)	Paragvājus (v)	[paragˈvaːjʊs]
Peru (m)	Perù (v)	[pʲɛˈrʊ]
Polinésia (f) Francesa	Prancūzijos Polinèzija (m)	[prantsuːˈzʲɪjos polʲɪˈnʲɛzʲɪjɛ]

Polônia (f)	Lénkija (m)	[ˈlʲɛŋkʲɪjɛ]
Portugal (m)	Portugālija (m)	[portʊˈgaːlʲɪjɛ]
Quênia (f)	Kènija (m)	[ˈkʲɛnʲɪjɛ]
Quirguistão (m)	Kirgìzija (m)	[kʲɪrˈgʲɪzʲɪjɛ]
República (f) Checa	Čèkija (m)	[ˈtʂɛkʲɪjɛ]
República Dominicana	Dominìkos Respùblika (m)	[domʲɪˈnʲɪkos rʲɛsˈpʊblʲɪka]
Romênia (f)	Rumùnija (m)	[rʊˈmʊnʲɪjɛ]

Rússia (f)	Rùsija (m)	[ˈrʊsʲɪjɛ]
Senegal (m)	Senegālas (v)	[sʲɛnʲɛˈgaːlʲas]
Sérvia (f)	Serbija (m)	[ˈsʲɛrbʲɪjɛ]
Síria (f)	Sìrija (m)	[ˈsʲɪrʲɪjɛ]
Suédia (f)	Švèdija (m)	[ˈʃvʲɛdʲɪjɛ]
Suíça (f)	Šveicārija (m)	[ʃvʲɛɪˈtsaːrʲɪjɛ]
Suriname (m)	Surināmis (v)	[sʊrʲɪˈnamʲɪs]

Tailândia (f)	Tailándas (v)	[tʌɪˈlʲandas]
Taiwan (m)	Taivānis (v)	[tʌɪˈvanʲɪs]
Tajiquistão (m)	Tadžìkija (m)	[tadˈʒʲɪkʲɪjɛ]
Tanzânia (f)	Tanzānija (m)	[tanˈzaːnʲɪjɛ]
Tasmânia (f)	Tasmānija (m)	[tasˈmaːnʲɪjɛ]
Tunísia (f)	Tunìsas (v)	[tʊˈnʲɪsas]
Turquemenistão (m)	Turkménija (m)	[tʊrkˈmʲeːnʲɪjɛ]

Turquia (f)	Turkija (m)	[ˈtʊrkʲɪjɛ]
Ucrânia (f)	Ukrainà (m)	[ʊkrʌɪˈna]
Uruguai (m)	Urugvājus (v)	[ʊrʊgˈvaːjʊs]
Uzbequistão (f)	Uzbèkija (m)	[ʊzˈbʲɛkʲɪjɛ]
Vaticano (m)	Vatikānas (v)	[vatʲɪkaːnas]
Venezuela (f)	Venesuelà (m)	[vʲɛnʲɛsʊˈɛˈlʲa]
Vietnã (m)	Vietnāmas (v)	[vjɛtˈnaːmas]
Zanzibar (m)	Zanzibāras (v)	[zanzʲɪˈbaːras]

www.ingramcontent.com/pod-product-compliance
Lightning Source LLC
Chambersburg PA
CBHW070826050426
42452CB00011B/2197